光文社知恵の森文庫

光瀬憲子

美味しい台湾　食べ歩きの達人

台北&郊外のグルメタウンから、高雄まで

光文社

光文社知恵の森文庫

光瀬憲子

美味しい台湾　食べ歩きの達人

台北＆郊外のグルメタウンから、高雄まで

光文社

本書は知恵の森文庫のために書下ろされました。

はじめに

テレビや雑誌で「台湾」という二文字をよく目にするようになった。〝韓流〟のような熱風ではないが、日本人旅行者の渡航先として静かに、そして着実に成長してきた台湾。それが最近、ようやく実ってきたように思う。

でも、台湾自体は昔も今も変わらず、私が暮らしていた1990年代から美味しい屋台があり、温かみのある人たちがいる。大学時代に初めて台湾を訪れ、まんまとハマってしまった私は、語学留学と言っては留学ビザを取り、結婚すると言っては居留ビザを取り、結局、台湾に7年間居座り続けた。離婚して長居はできなくなったが、今も日本と台湾を行き来して、台湾各地を巡りながら、美味しいものや愉快な人々を探し歩いている。

本書では、改めて原点に戻り、私が住んだ台北《タイペイ》市とその郊外を中心に、そして台湾第2の都市、高雄《ガオシヨン》へちょっとだけ足を延ばして、台湾でおトクに、美味しく、楽しく食べ歩くコツをご紹介している。今回、台北郊外にもこだわったのは、数日の滞在で台南や台中などの地方都市を巡る余裕がない方にも、少しだけ台北市を抜け出して、地方都市の雰囲気を味わってほしかったからだ。

台北駅から地下鉄MRTでわずか15分の板橋《バンチヤオ》や三重《サンチョン》へ行くだけでも、パワフルな地方都市の魅力を満喫することができる。板橋には昔ながらの活気溢《あふ》れる廟《びょう》前市場があり、台北をしのぐ絶品グルメを〝地方都市価格〟で堪能できる。三重にも大きな夜市があり、台北人も通う最強の魯肉飯《ルーロウファン》や豚足飯もある。

さらに1時間かけて淡水《ダンスエ》や基隆《ジーロン》まで繰り出すと、旅気分がグンとアップする。淡水で船旅を楽しんだり、台北市街からもっとも近い北投《ベイトウ》の温泉に癒やされたり。実は北投にも知られざる朝市や夜市があり、その賑わいたるや市街の市の比ではない。そして基隆は北部の隠れグルメタウンだ。有名な廟口夜市《ミヤオコウイエスー》なんてほんの序の口。生粋の基隆人はもっとディープな地元食堂で、こっそりと旨い物を食べている。

高雄は去年からLCCの直行便が運行し、より身近になった。台北のようにオシャレで活気のある都市機能も備えながら、地方都市らしい美味しいグルメにありつけて、のんびりとした南国気分まで味わえるので、これから注目してほしい街だ。

そして、本書で特にこだわったのが「食べ歩きの法則」。台湾全土で食べ歩くうち、美味しい店を見分けるコツが見えてきた。例えば廟と食堂。台湾各地に点在する大小さまざまな廟のそばには、情緒溢れる、美味しい店があるという法則。日本時代から交通の要衝として機能し、車や人々が行き交うロータリーにもまた、旨い店があるという法則。

また、台湾の飲食店は営業時間帯を把握することも大事だ。朝の店、昼の店、夜の店が、それぞれの時間帯で街の雰囲気を作っている。早起きをして各地の朝市を巡ると、必ずその土地の美味しい食べ物に出合えるという法則もある。

店頭の人だかりにも法則がある。それは整然とした行列なのか？　それともごちゃごちゃした人だかりなのか？　そこに集まる人たちはどんな格好で、何をしているのか？　細かく見てみると、美味しい店かどうかを見分けることができる。

台湾には旨い飯はあっても、旨い酒はないと言われている。日本や韓国に比べると極端に飲酒人口が少ない台湾。そんな台湾にも、ちゃんと酒が置いてある店を見分ける法則がある。それがわかれば、台北は飲兵衛にも優しい町だ。

料理を注文するときにも留意すべきことがある。限られた時間であれこれ食べ歩きたいなら、基本は一店につき一品。だから注文は最小単位でいい。例えば小籠包《シャオロンバオ》は

2、3人で一籠。魯肉飯は必ず「小」を頼む。

こんなふうに、食べ歩きのコツをつかむと、ガイドブックには載っていない店を、自分の足で開拓し、自分の目で判断し、自分の舌で確かめることができるようになる。本書では本文の見出しに「廟前」「ロータリー前」「朝型（早朝〜昼頃）・昼型（昼頃〜夕方）・夜型（夕方〜深夜）」「人だかり」「酒あり」といったマークを付記している。これを参考に、まずは食べ歩きのコツをつかんでみよう。そして、自分だけの「名店」を見つけてほしい。まずは近くの朝市から。ガイドブックではなく、勘を頼りに歩いてみれば、台湾の旅は何倍も楽しく、美味しくなるはずだ。

※本文中のルビは北京語読みです。ただし、中国大陸と台湾では北京語の発音が大きく異なるため、「台湾人の発音に近い」北京語のルビをふっています。また、北京語よりも台湾語読みのほうが通じやすいものについては台湾語のルビをふっています。
※料理の価格でお得感があるものや、何かの目安になるものについては、台湾元で記した後に（約〇〇円）と記しています。レートは取材当時（2015年9月）の1元約3・7円です。

美味しい台湾 食べ歩きの達人 目次

はじめに 3

第1章 台北の朝市で台湾グルメ入門①
雙連市場、城中市場 13

◆台北駅から地下鉄で5分の雙連市場 14
雙連駅前のあおぞら市場／豆乳朝ご飯の頼み方／レトロな蓮根ジュース／皮に塩味が付いた卵クレープ／シイタケ、鶏そぼろ、皮蛋、豚肉でんぶが盛られたお粥／路地裏の魯肉飯／「駅前」という名の人気店で

◆台北駅から徒歩5分の城中市場 31
台北駅の南西、廟前の朝市／朝のデザートに、老舗の豆花／カラフルな菜食で体も心もきれいに

第2章 台北の学生街で台湾グルメ入門②

公館 45

◆台北最大の学生街、公館 46

下町っぽい学生街と水源市場／大人気の自助餐、注文はスリリング／トマト丸ごと1個入り！ ヘルシー餃子スープ／カレー屋さんの甘口カツカレー／大豆とピーナッツの冷たいスイーツ／学生街でお手軽四川料理／有名店でなくても十分美味しい小籠包／若者の行列、黒糖タピオカミルクティー／台湾バーガー、割包の食べ方／歌うタイ料理の名店／マントウのある喫茶店

第3章 台北駅から地下鉄15分のグルメタウン①

板橋 87

◆板橋――「安くて美味しい」がギュッと詰まった街 88

台北の南西、淡水河の向こう側／廟と市場／踊るシェフ、イカの餡かけスープ／地味に美味しい上海小龍包／おでん風さつま揚げと最強辛

味調味料／やみつきアボカドミルク／廟前、豚肉入り団子と漢方スープの名店／三位一体、計算しつくされた臭豆腐／板橋の夜市、迫力の牡蠣入り卵焼き／板橋の夜市、わずか90円で感動のスイカジュース／路地裏に行列！　テント屋台の臭豆腐／漢方とゴマ油が香る鶏煮込み／食べたら乗るな！　甘く危険な鴨鍋／おやじたちが黙々と食べる、幸せの朝市ワンタン／豆好きにはたまらない、美女の豆漿店

第4章

台北駅から地下鉄15分のグルメタウン②

三重　127

◆三重——板橋に負けない大衆美食街　128

台北の西、もうひとつのベッドタウン／MRTの分岐点辺り／5つ星の豚足飯「五燈獎」／軒下の米粉とイカの餡かけスープ／三重一番のパパイヤミルク／三和夜市、肉入り白玉団子とワンタン／具がたっぷりの肉圓／マイベスト魯肉飯との出合い／魯肉飯の姉妹店でシンプル麺を

第5章 台北からの日帰りグルメ①
淡水・北投 153
◆水の都、淡水 154
淡水名物、阿給の中から出てきたのは……／港前、魚のすり身団子のスープ／15分足らずの船旅で海風を満喫／孔雀貝炒めと蜂蜜ビール（！）／素朴なおやつ、双子パン
◆湯けむりの街、北投 164
日本人が作った温泉郷／温泉浴後の台湾ビールと酒肴ワンプレート／赤か？ 白か？ 台北圏第3位の牛肉麵／北投駅前で謎の汁ものに魅了される／ボリュームたっぷり、夜市のかき氷／ホテルマネージャーお薦め、行列の小籠包／魯肉飯のモーニングセット／豚と魚のすり身団子の餡かけスープ
第6章 台北からの日帰りグルメ②
基隆 185

◆基隆――台北駅から列車で45分の港町　186
雨の町／きしめんと豚モツの朝ご飯／素食麵線と意外な風味の香椿醬ソース／廟前で発見、旨い米粉麵／塩粥と不思議な肉巻き／豚レバーの腸詰め／路地裏の行列店、最強のソーセージとモツたち／老舗屋台に負けないアナゴ餡かけスープ／港のエンターテイメント、碧沙魚港

第7章 台湾第2の都市、高雄の旨いもの

左營、美麗島　211
◆台湾新幹線の終着地点、左營　212
知られざるグルメゾーン／朝ご飯はバラエティお焼きサンド／左營第二公有市場、演歌おやじの肉燥飯／驚愕！　名もなき店の絶品酸辣湯と迫力乾麵／卵入りパパイヤミルクとフレンチトーストサンド／おでんとニラ揚げのある廟前食堂／真夜中の豆漿とシュガードーナツ／絶品！カリカリの味付け鶏唐揚げ／半額タイムのある酸白菜火鍋／瑞豊夜市の鴨肉巻き、激辛チキン、鶏手羽チャーハン詰め、etc.／美麗島駅前の肉燥飯と、「甘＋苦」絶妙スープ／美麗島駅前の悦楽火鍋

コラム①　寧夏夜市の魅力と、周辺の人気店　40
コラム②　台北の〝浅草〟、艋舺で下町グルメ三昧　42
コラム③　迪化街散策と路地裏の人気店探し　80
コラム④　廟前の昼酒天国経由、骨付き豚肉　82
コラム⑤　ハーフサイズのお気軽北京ダック　84
コラム⑥　板橋に泊まって、じっくり食べ歩く　125
コラム⑦　桃園空港前泊に便利な24時間営業の食堂　150
コラム⑧　豪華浴室付き、北投の〝博物館風〟温泉宿　183
コラム⑨　人気の九份に泊まり、瑞芳で朝粥を　208
コラム⑩　高雄、もうひとつの下町グルメ街　240

台湾地図　242
本書で取り上げたおもな店舗・市場リスト　252

第1章

台北の朝市で台湾グルメ入門①

雙連市場、城中市場

台北駅から地下鉄で5分の雙連市場

雙連駅前のあおぞら市場　朝型　廟前

観光客として台湾を訪れていた10代の頃は、夜市が楽しくてしかたがなかった。自分と同じくらいの年頃の地元の若者が、連れ立って夜市をぶらぶらと歩いていて、その手にはイチゴがいくつも串に刺さったイチゴ飴《あめ》や、いい匂いのする鶏の唐揚げの袋などが握られていた。夜中まで煌々《こうこう》と明かりの灯《とも》る夜市は食のパラダイスだ。毎晩こんなお祭りが楽しめるなんて、台湾ってなんて素敵なところなのか、と思ったものだ。

でも、台湾で暮らし始めると、夜市と同じくらい、いやそれ以上に「伝統市場《チュアントンスーチャン》」と呼ばれる朝市が、大切な役割を果たしていることに気づいた。朝市は台湾人の暮らしの一部だ。夜市は若者のエンターテインメントだが、朝市は若者を含む、すべての台湾人の生活の場だ。

伝統市場は台湾全土のどんな小さな街や地域にもある。小さなものはほんの2、3ブロック程度だが、大きなものは4階建てほどの市場の建物を中心に、それを囲む何

文昌宮の廟前で南北に延びる朝市、雙連市場

本もの通りが、野菜や精肉、日用品や生活雑貨の売り場と化す。

いい市場には人が集まる。台湾には、いい市場がとても多い。台北市内だけでも数十カ所の伝統市場がある。試しに、泊まっているホテルのフロントで「ここから一番近い伝統市場はどこですか?」と尋ねてみるといい。わざわざ有名な大型市場に行かなくても、すぐ近くに小さな市場があるはずだ。

そんな数ある市場の中で、私のお気に入りは雙連《スアンリエン》の伝統市場。台北市の中心部にあり、とても珍しい完全屋外型の青空市場だ。台北は雨の日も多いけれど、もし晴れの日に当たったらラッキー。朝8時頃ならまだ空気もきれいで、散歩と朝ご飯にはちょうどいい。地下鉄MRT淡水線《ダンスエ》の雙連駅と、お隣の民權西路駅《ミンチユエンシールー》を南北につなぐ道沿いに、ずらりとパラソルが並び、朝市が姿を現す。細い一本道の両脇では、ランニング姿のおじさんが果物を売っていたり、エプロン姿のおばちゃんが豚肉を刻んだりしている。ど派手な下着の隣にリンゴや梨が並べられていたって、誰も気にしない。値札はダンボール紙にマジックで手書きされている。

この朝市のもうひとつの特徴は、朝市通りのちょうど真ん中あたりに、大きな廟《びょう》があることだ。市場の真ん中に廟がある、というより、廟の周りに市が出た、と言ったほうが正しいだろう。廟は台湾人の暮らしの拠《よ》り所であり、これまた、どんなに小さな町にも廟が存在する。日本の寺や神社よりも、ずっと人々の暮らしに近い場所にある。何軒か家が集まると、台湾人はそこに廟を建て、平安を祈る。そして廟に人が集まると、おのずとそこで食事をするようになる。食べ物を出す店ができれば、食材や雑貨を売る店ができる。台湾の朝市や夜市の多くが、そうやって発展してきたのだ。雙連市場にあるのは「文昌宮《ウエンチヤンゴン》」という廟で、文昌帝《ぶんしょうてい》という学問の神様が祀《まつ》られている。でも、受験生だけでなく、朝市へ買い物に来たおばちゃんや散歩中のおじさんがぶらりと寄って線香をあげたりしているので、学問以外にもご利益がありそうだ。

文昌宮の鮮やかなオレンジと、朝市のカラフルなパラソル、そして青々とした木々を見ていると、排気ガスだらけの台北の空気も爽やかに感じられるから不思議である。

豆乳朝ご飯の頼み方　朝・夜型　廟前

ＭＲＴ雙連駅の階段を上って外に出ると、すぐにオレンジ色の自転車がたくさん停まっている駐輪場が目に入る。台北市のレンタル自転車だ。ＭＲＴの駅前でレンタルし、他の駅で乗り捨てることができるシステムで、最初の30分は無料。なかなか人気のサービスらしい。

そんな駐輪場の目の前にある「世紀豆漿大王《スージードウジャンダーワン》」。台湾の典型的な朝ご飯屋さんだ。台湾人の朝ご飯にも色々ある。日本なら「ご飯派か、パン派か」に分かれるくらいだが、台湾人は朝から、麺も食べればご飯ものも食べる。パンも食べれば肉まんも食べる。

そして、台湾で不動の人気を誇るのが「豆漿《ドウジャン》」、つまり豆乳だ。ときどき「どこの豆漿店が一番美味しい？」と聞かれる。でも台北一美味しい豆漿を求めて遠くまでタクシーで行くなんて、ナンセンス。朝ご飯は、起きたらすぐ食べるものだから、当然ホテルの近くがいい。豆漿店は台北の至るところにある。台北市内の各ブロックに点在するコンビニほどは多くないけれど、ホテルから徒歩圏内に2、3軒はあるはずだ。少し早起きして、ホテルのフロントで近くの豆漿店を聞いてみるのが一番いい。

雙連駅で朝市散策をするなら、改札から出てすぐの世紀豆漿大王は手堅い店だ。どのメニューも外れがなく、あっさりしていて日本人の口によく合う。私の朝ご飯は常温の甘い豆漿と蛋餅《ダンビン》（後述）が定番。

豆漿には人それぞれ好みがあって、常に温かい鹹《シエン》豆漿（しょっぱい味付けの豆漿）を頼む人もいれば、焼餅《シャオビン》（パイのようなパン）に油條《ヨウテヤオ》（揚げパン）を挟《はさ》んで食べるのが好きな人もいる。豆漿には「甘い（甜《テエン》）」のと「しょっぱい（鹹《シエン》）」のがあり、それぞれ「常温（溫《ウエン》）」「冷たい（冰《ビン》）」「熱い（熱《ラー》）」と、3通りの頼み方ができる。だから、レジに並びながら「甘くて冷たい豆漿」にするか、「熱くてしょっぱい豆漿」にするか、あらかじめ決めておく。

この日、私は普段とは違う味を試したくなって、「熱くてしょっぱい豆漿」と小籠《シャオロン》包《バオ》を頼んだ。朝から小籠包？　と思うかもしれないが、世紀豆漿大王の小籠包は、案外さっぱりしているのだ。肉汁がしたたる薄皮小籠包ではなく、肉まんがそのまま4

「世紀豆漿大王」の小籠包（下）と鹹豆漿（上）

分の1サイズに縮小されたような、真っ白いふかふかの小籠包。思い切り口を開けて、蒸《ふ》かしたてで湯気が上っている小籠包を丸ごとひと口で頰張《ほおば》る。アチチチ！　うっすらと甘い味の付いた皮の部分に肉汁が染みていて、味わい深い。でもそれほど油っこくはないので、朝食にちょうどいい。

小籠包に合わせるなら、甘い豆漿よりも鹹豆漿がいい。しっかりとお椀《わん》に盛られていて、中には細切りの切り干し大根、青ネギ、それに油條が入っている。

鹹豆漿が面白いのは、時間が経《た》つとどんどん固まってくるところだ。最初はサラリとした液体なのだが、食べているうちに豆乳がカッテージチーズのようにポロポロになる。初めて鹹豆漿を食べたときの衝撃は、今でも忘れられない。かき混ぜると固まっていくのが楽しくて、一時期ハマったものである。甘い豆漿はドリンク扱いだけど、鹹豆漿はスープのようにしっかりとお腹《なか》にたまる。朝から市場散策で元気に動くためには、これくらい食べておくのがちょうどいいのだ。

レトロな蓮根ジュース　朝・昼・夜型　廟前

朝市通りの賑わいをぬって歩いていると、民権西路駅の近くのレトロな看板が目についた。看板といっても、トタンの壁に大きな赤い字で「酸梅湯《スアンメイタン》」「冬瓜茶《ドングアチャー》」「蓮藕《リエンオウ》茶《チャー》」という飲み物の名前が書いてあるだけ。その上に、ほとんどかすれて見えない文字で「雙連古店《スアンリエングーデエン》」と店名が書いてある。Tシャツ姿の白髪のおじいさんがひとり、大きな鍋をかき混ぜている。優しそうなおじいさんの笑顔につられて、ついこちらも笑顔になる。

酸梅は字の通り梅干しのようなものだが、日本の梅干しよりもずっと甘い蜜漬け梅。冬瓜《とうがん》は日本でもときどき見かけるが、かんぴょうの原材料となっている大きな瓜。蓮藕は蓮根《れんこん》。この3種類のお茶だけを売っているようだ。一律20元（約75円）。シンプルでわかりやすい。酸梅湯も冬瓜茶も大好きだが、私は比較的珍しい蓮根の茶をいただくことにした。おじいさんが大きなお玉で、ペコペコの白いビニールコップに蓮根茶を注いでくれる。ちょっと濁ったピンク色。ビニールコップに蓋《ふた》やストローはない。

蓮根のお茶？　ちょっと身構えたけど、案外甘味があって飲みやすい！　蓮根と言われれば、確かに蓮根のような香りがしないでもない。でも、根野菜独特の土臭さなどは少しも感じられない。蜜の香りが爽やかだ。「気管支に効くよ」とおじいさんはニッコリ笑った。少し汗ばむ朝市散歩に、ちょうどいい潤いをプラスしてくれる。

皮に塩味が付いた卵クレープ　朝・昼型　廟前

白い壁に黒いサインペンで「友近」とある。蓮根茶の店のすぐ裏手にある豆漿店「雙連豆漿《スアンリエンドウジャン》」には、かつてお笑いタレントの友近が訪れたことがあるらしい。店のおばちゃんがうれしそうに「トモチカ」を連発する。この豆漿店は、4人掛けテーブルが3つほど並んでいるだけの小さな店だ。メニューはありきたりなのだが、看板の「蛋餅」が群を抜いて美味しい。

蛋餅とは、強力粉や片栗粉に水と調味料を加えて鉄板でクレープのように皮を焼き、これに卵を割り加えてクルクルと春巻きのように巻いたもの。台湾の定番朝ご飯だ。

日本でも蛋餅が食べたくて、台北のスーパーで「冷凍蛋餅シート」なるものを購入して作ってみたことがあるが、やっぱり豆漿店のようにはいかない。冷凍食品ではモチモチした食感がうまく出ないのだ。

雙連豆漿の蛋餅は、オリジナルの皮にしっかりと味が付いており、焦げ具合も香ばしいのだが、何より手作りの蛋餅ソースがいい。醬油ベースのとろみの付いたソースはほどよいバランスで、甘味と辛味が混ざり合っていて、卵によく合う。

私はモチモチとした食感の蛋餅を頰張りながら、先ほど買った蓮根茶をすすった。朝食にはちょっと甘いけれど、脳が活性化されて元気になりそうだ。

例外もあるが、台湾の食堂や屋台では、客が他店で購入した食べ物を持ち込んで食べても嫌な顔はされない。豆漿店で豆漿は頼まずに蛋餅だけ頼み、蓮根茶を飲んでいても、豆漿店のおばちゃんは意に介さず、友近がロケに来たときのことを延々と語って聞かせてくれた。

シイタケ、鶏そぼろ、皮蛋、豚肉でんぶが盛られたお粥　朝・昼型　廟前

雙連市場は南北に延びる一本道の両脇に店が並ぶ、わかりやすい構造の朝市なのだが、実はそれだけではない。所々にある東西に延びる細い路地に足を踏み入れると、そこにはまた別の世界が広がっている。

雙連駅の改札を出て、市場通りを北へ歩き始めてすぐ、1本目の路地を右に曲がると、ぼんやりと灯る赤提灯《あかちょうちん》が見える。うっすらと暗い路地裏に朝から赤提灯。なんだかタイムスリップしたみたいだ。ここに、早朝から昼過ぎまでやっている粥《かゆ》店がある。提灯の文字は「小洪麵線《シャオホンミエンシエン》」だから、看板メニューは、ホルモンや牡蠣《かき》の入った麵線（とろみスープに入った極細麵）なのだが、あえて朝粥をお薦めしたい。ほぼテイクアウト専門店らしく、ご主人が切り盛りするカウンターの他に、テーブルがひとつ出ているだけだ。テイクアウトの客を次々とさばくご主人の横に座って、粥をいただくことにした。

台湾には色々な粥がある。肉を入れて味付けされた鹹粥《シエンジヨウ》、サツマイモと一緒に煮込んだだけの清《チン》粥、肉や皮蛋《ピータン》などの具を混ぜた広東《グアンドン》粥。そして、小洪麵線の粥は「鴉片《ヤーピエン》（アヘン）粥」、つまり一度食べたらやめられない「やみつき粥」だそうだ。

色々と説明書きの多い店だが、一番人気、二番人気など、売れ筋メニューがランキングになって貼り出されているのが、わかりやすくていい。台湾の食堂や屋台で食べ歩く場合、胃袋がいくつあっても足りないので、一店につき極力一品に抑えたいところだ。そもそも台湾屋台は専門店が多く、店の看板メニューを見極めるのはそれほど難しくないが、私はよく、他の人が食べているものを見回して「なるほど、ここの人気はコレか」なんて考えを巡らせてから注文している。

一番人気の爆漿《バオジャン》鴉片粥（シラス入りやみつき粥）は80元と、粥にしてはちょっと高めだったので、二番人気の招牌《ザオパイ》鴉片粥（65元）をいただくことにした。招牌は「看板」の意味。まさに看板メニューである。

台湾の粥には、雑炊のように汁が多めのサラッとした粥と、この店のように白米がとろっとした粥とがある。実を言うと私はサラサラ粥のほうが好みなのだが、この店の粥はトッピングが多いので、粥がとろっとしていないと上に載らないのだろう。二番人気の招牌鴉片粥には、刻みシイタケと鶏肉そぼろを煮込んだもの、皮蛋、肉鬆《ロウソン》がこんもりと載っている。

肉鬆とは豚肉で作られた「でんぶ」のようなもので、ふわっとした食感と甘味が特

「小洪麵線」の招牌鴉片粥は、トッピングが豊か

徴。台湾の子供たちが大好きな、食卓の常備菜だ。肉鬆には色々な食べ方があり、例えば白米を食べたがらない台湾の子供は、ふりかけのように肉鬆をふりかける。菓子パンにトッピングされていることもあるし、この店のように粥の上に載せて食べるのも一般的だ。

小洪麵線の看板、鴉片粥は、しっかりと味の付いた鶏肉とシイタケの香りが食欲をそそる。粥がかなり熱いので、ハフハフいいながら食べる。台湾の皮蛋はあまりクセがないので、日本人の口にも合うはずだ。肉鬆のふんわりとした食感、皮蛋の白身のゼリーのような食感、真ん中に載せられた漬物のコリコリした食感、そして鶏肉とシイタケの絶妙な香り。これを真っ白なトロトロの粥とほどよく混ぜていただく。バラエティに富んでいて歯ごたえが楽しい朝ご飯だ。台湾の路地裏で見つけた赤提灯、なかなかやるな。鴉片粥とはよく言ったものである。早くもやみつきになりそうだ。

路地裏の魯肉飯　朝・昼型　廟前・人だかり

先述した世紀豆漿大王の並びの小さな路地に、ひときわ賑わう小さな屋台「香満《シャンマン》園《ユエン》」がある。早朝はそれほどでもないのだが、11時を過ぎた頃から屋台の周りに地元の人たちが殺到し、テイクアウトする客や店内で食べる客でごった返している。店内と言っても屋台なので、壁際のカウンター席と、折りたたみ式のテーブルが数卓あるだけだ。10人も座ればいっぱいになってしまう。ここはひとり客も多く、週末の遅めの朝ご飯、あるいは朝昼を兼ねたブランチを食べに来た、といったふうである。

地元の人で賑わう食堂や屋台というのは、観光客にはちょっとハードルが高い。特にこの店のように猛烈に忙しそうな屋台では、気後《きおく》れしてなかなか注文しづらいかもしれない。でも、地元客の「人だかり」こそが美味しい店の目印なのだ。台湾の飲食店は外国人に優しいので、臆《おく》せずにチャレンジしてほしい。

雙連市場の路地裏にある「香満園」

この店は魯肉飯《ルーロウファン》（豚肉の醤油煮込みかけご飯）を看板にかかげる台湾の伝統食屋台。魯肉飯のほかに金針《ジンジエン》赤肉湯《ツーロウタン》を頼んでいる人が多い。金針は日本ではワスレグサと呼ばれるユリに似た花で、薄いオレンジ色をしている。日本でもお浸しなどにして食べることがあるようだが、私は日本では食べたことがない。台湾では金針を乾燥させたものが乾物店などで売られていて、排骨湯《パイグータン》（骨付き肉のスープ）に入れて食べることが多い。

この香満園の人気の秘密は、魯肉飯と金針のスープに加えて、小皿料理が豊富な点である。魯肉飯と４種類のスープの他にも、カウンターにはトレイに入ったおかずが並べられ、指でさしながらひとり分ずつ注文できるようになっている。小さな小皿にほんの少しずつ載ってくるので、ひとり客でも魯肉飯とスープと小皿料理を2品、という頼み方ができるのが魅力だ。

もうひとつ、この店ならではの特徴がある。魯肉飯を「半碗《バンワン》」だけ注文できるのだ。魯肉飯はもともと小と大があるが、「半碗」はさらに小さい。他にもたくさん食べ歩きたい観光客にとってはうれしい限り。忙しいときは面倒がられることがあるが、そうでもない場合は頼んでみるといいかもしれない。でも本当にちょこっとだけなので、2、3人でシェアする場合は小以上を頼もう。

私も列に並んで注文してみた。魯肉飯と金針赤肉湯を頼み、ナスの煮物とほうれん草炒めを指さす。まるで戦場のような慌ただしさで、カウンターの中で忙しそうに動き回る店員たちは、みんな怒鳴《どな》り合っているように見える。注文をしたらサッと脇へ移動し、席を探す。長居する人はいないので回転は速い。みんな朝の散歩がてら、この店に寄り、魯肉飯とスープを食べたらそそくさと店を後にするようである。

混雑した店内で小さくなっていると、魯肉飯とスープが運ばれてきた。台湾の屋台や大衆食堂は、前払いが基本。品物と引き換えに代金を払うので、注文した品物が運ばれてきたら、食べる前にお金を払う。

まずは魯肉飯から。台北には無数の魯肉飯が存在するが、好みが分かれるところだ。誰にでも「マイベスト魯肉飯」の店がある。私が台北に住んでいた頃にひいきにしていた市内の魯肉飯店は閉店してしまったが、香満園の魯肉飯はなかなかのものだった。硬めの白米に、たっぷりと濃い色合いの豚煮込み汁がかかっていて艶《つや》やかだし、細切れになった豚肉の脂身が多めなところもいい。この店の魯肉飯は特に、独特の漢方系の香りを放っていてクセになりそうだ。朝からガツガツ食べてしまいそう（筆者の「魯肉飯ベスト３」は口絵参照）。

魯肉飯と併《あわ》せて頼んだ金針赤肉湯も味わい深い。金針の花自体にはあまり味がなく、その食感を楽しむだけなのだが、一緒に入っている肉が柔らかく、とってもジューシー。味がしっかりしていて、噛《か》んでみると弾力がすごい。味付けはかなり甘め。力強くて飲みごたえ抜群のスープである。

「駅前」という名の人気店で　朝・昼型　廟前・駅前

雙連駅のまさに駅前に、「站前《ザンチエン》（駅前）小吃店《シャオツーデエン》」という名の食堂がある。こちらもテイクアウト客やその場で食べる客でごった返しているのだが、大通りに面した場所にある店舗なので通行人も多い。通行人が闊歩《かっぽ》する歩道に並べられた、折りたたみ式のテーブルとプラスチックの椅子《いす》。ここに陣取り、メニューを眺める。すると隣のおじさんが「あんた旅行者かい？　この店は旨いよ」と言いながら親指を立てた。

　余談になるが、親指を立てるこの仕草、最近はSNSなどでよく使われていて、英語で「Like!」、日本語で「いいね！」と表されたりするが、台湾では「贊《ザン》！」と言う。こんなふうに、ひとつの仕草が世界共通語の役割を果たすところは便利だなあと思ってしまう。

「贊！」のおじさんに何を食べているのかと聞くと、「肉羹湯《ロウゲンタン》」と教えてくれた。肉羹とは豚肉のすり身のこと。おじさんが食べているのは肉羹がたっぷり入った餡《あん》かけスープ。でもこの店は魷魚羹《ヨウユーゲン》（イカのすり身）も美味しいので、やっぱりお薦めは両方入った綜合《ゾンハー》（ミックス）だという。

　餡かけスープは透明だった。トロンとした透明スープには、白っぽい豚肉のすり身と、ピンク色のイカのすり身がどっさり入っていて、鮮やかな緑色の葉っぱが添えられている。おっと、こんなところに九層塔《ジョウチエンター》が！　この葉っぱが実は曲者《くせもの》なのだ。九層塔は台湾バジルとも呼ばれる葉で、中華料理では炒め物やスープによく用いられるのだが、香りがきついので苦手な日本人も多い。バジルよりも爽快感が強く、ツンとした匂いがある。ある意味、香菜《シャンツァイ》（パクチー）よりも強烈。

ちょっと身構えてスープを飲んでみると、これは旨い！　しっかりとした味付けの餡かけスープに爽やかな九層塔の香りがよくマッチしていて、決して嫌味な味ではない。この葉っぱ、合う料理には合うんだなあ、と感心してしまった。豚肉つみれの歯ごたえやイカの力強い香りが突出しているので、バジルの風味がそれほど気にならないのかもしれない。隣に座るおじさんに、「贊！」と親指サインをお返しした。

台北駅から徒歩5分の城中市場

台北駅の南西、廟前の朝市　朝・昼型　駅前・廟前

台北駅。台北のど真ん中にある中国式の巨大な建物で、今や在来線（台鐵《タイティエ》）、台湾高速鉄道（高鐵《ガオティエ》）、台北中に張り巡らされた地下鉄（ＭＲＴ）の巨大ターミナルとなっている。長距離バスのターミナルもあるので、台湾の交通網のヘソと言えるだろう。

私が台湾で暮らし始めた１９９０年代は、まだ台北１０１は影も形もなく、台北で

一番高いビルは台北駅前の新光三越デパートの入ったビルだった。最上階が展望台になっていて、台北駅をはじめとする台北市全域を見渡せた。その後、台北101ができて、台北市の中心は東寄りへシフトしたが、台北駅は依然として交通の要衝だ。台北駅前の新光三越ビルの裏手には、主要銀行の本店や警察局など、行政や金融機関も立ち並ぶが、予備校が乱立する学生の街でもある。このため、オフィス街のランチ店と、学生が予備校へ行く前後に立ち寄る軽食店が多い。安くてボリュームのある弁当、スナック代わりに食べられる滷味《ルーウェイ》（豚肉、鶏肉、野菜などを醤油やスパイスの入った汁で煮込んだもの）などが充実していて、ついふらふらと立ち寄りたくなってしまう。

だが、そんな煩雑な台北駅裏にも昔ながらの朝市がある。その名も「城中市場《チエンジョンスーチャン》」。城中は「都会の真ん中」という意味。いかにも台北駅裏の市場らしいネーミングだ。

化粧品店やカフェが並ぶ武昌街《ウーチャンジエ》を歩いていると、突然派手な廟が見えてくる。台《タイ》湾省城隍廟《ワンシエンチエンホアンミヤオ》である。城隍廟は城壁を守る廟、という意味がある。町の守り神ともいえる廟であり、台湾各地に「城隍廟」という名の付いた廟がある。武昌街にある台湾省城隍廟は、派手なオレンジ色の門構えに電光掲示板のお知らせが出てくるような近代的な造りだが、意外にもその歴史は古く、1800年代まで遡《さかのぼ》る。今はもう使われていない「台湾省」という名前が付いているところも、時代を感じさせる。

台湾の廟に電光掲示板が付いていることに最初は疑問を持ったものだが、最近はこれもまた台湾らしくていいな、と思えるようになった。長い歴史を持つ古い廟が時代とともに進化するのは、その廟が地元の人々に愛されている証拠だからだ。古い建物を大切にすることも大事だが、近代化する生活に合わせて廟が便利に、スタイリッシュになっていくのも、また微笑《ほほえ》ましい気がする。

朝のデザートに、老舗の豆花　朝・昼型　廟前

そんな台湾省城隍廟を中心とした南北に延びる路地に、城中市場はある。南側は服や雑貨などを中心とした市場になっていて、おばちゃんやおじちゃん率が高い。派手なスパンコールいっぱいのTシャツが売られていて、それと似たような服を身にまとったおばちゃんが辺りの店を物色している。

武昌街を挟んで北側が、食材や食べ物エリア。こちらには、あらゆる台湾フルーツが並んだ屋台や、豚肉が容赦なくぶら下がった精肉店がある。台湾のフルーツ屋台は

楽しい。見たこともない形や色のフルーツが並んでいて、季節ごとに品揃えもガラリと変わる。今は釋迦頭《スージャートウ》（日本では釈迦頭《しやかとう》、一般に蕃茘頭《ばんれいし》と呼ばれる）のシーズンらしく、大仏の頭のような緑色のゴツゴツしたフルーツが１個１００元前後で売られている。見た目は変わっているが、釈迦頭は実の部分が白く、熟《う》れると甘いミルクのような味がする。大好きな台湾フルーツのひとつだ。

さて、そんなフルーツたちの間に埋まるようにして明かりを灯しているのが豆花《ドウホア》専門店「城中豆花《チエンジョンドウホア》」の屋台。豆花は大豆から作られるスイーツで、豆乳に甘みを加えて固めた、いわば豆乳プリン。台湾ではこれにシロップをかけたり、煮込んだピーナッツとともに食べたりするのが一般的。看板には50年老店（老舗）とある。豆花は甘いもの好きにして豆腐好きの私のベスト台湾スイーツ。でも、考えてみれば台湾で暮らしていた20代はそれほど好んで食べていなかったように思う。当時は揚げ物やこってり甘い洋菓子が好きだった。アラフォーになると、豆花くらい柔らかくて優しいスイーツのほうがありがたくなるのかもしれない。

屋台でお玉を手に豆花をすくっているのは、ショートカットの元気なお母さん。笑顔が可愛らしいが、29歳の孫がいると聞いて仰天。29歳の孫！　私が驚くと、お母さ

城中市場で50年の歴史を誇る「城中豆花」

んは表情を崩してとびきりの笑顔を作った。「若く見えるでしょ？　これも豆花のおかげよ。あんたも毎日、豆花を食べれば若返るから」と言われてしまった。日本にあったらもちろん毎日でも食べるのだが……。

若い、若い、と連発したら、気をよくしたお母さんがプラスチックの椀にたっぷりの豆花をよそってくれた。トッピングは芋圓《ユーユエン》と地瓜圓《ディーグアユエン》。紫色と黄色のコンビで、芋圓はタロイモの餅、地瓜圓はサツマイモの餅だ。さらにタピオカを大サービスしてくれて、たっぷりのシロップをかけていただく。

この店の豆花は大豆の香りが強く、甘みも自然で美味しい。手作りの豆花は香りが命。それに紫と黄色のコンビ餅も、ギュッとした歯ごたえで甘味がちょうどいい。ああ、懐かしい味だ。おじいさんが50年前に始めたこの豆花店。当時、豆花一杯の値段は5毛《マオ》(1円未満)だった。以来、ずっと同じ手法を守りながら、台北という城に大豆の花を咲かせ続けている。

カラフルな菜食で体も心もきれいに　朝・昼型　廟前

城中市場の北側の入口脇に、女性で賑わう素食店「三來素食館《サンライスーシーグアン》」がある。素食とはベジタリアンフードのこと。台湾には、宗教上の理由から肉を食べない人が案外多い。敬虔《けいけん》な仏教徒は菜食主義を貫いている。日本でも仏教における精進料理は動物性の食材を使わないので、菜食主義と言えるのだろう。でも、日本には肉食する僧侶も珍しくない。この辺りは中華圏やインドとだいぶ違うようだ。

外食文化が発達し、外食率が8割を超える台湾では、菜食主義者のための素食店も多い。台湾人は豚肉ばかり食べているような印象があるが、肉を食べない人も美味しい食事にありつける。

三來素食館にはドアがない。武昌街の歩道に突き出すように、色とりどりのベジタリアンフードが並べられている。バイキング式だ。もっとも混雑するのは昼時だが、

9時からオープンしているので、早い時間から大皿に料理が並ぶ。ドアがないため、歩道を歩いていると自然と美味しそうな料理が目に入ってきて、ついふらりと立ち寄りたくなってしまう。ここは、私が台北に暮らしていた1990年代からあるお店で、何度も前を通り過ぎたことがあるのだが、一度も入ったことがなかった。カラフルで楽しそうだけど、肉がないのか……と思っていたのだ。

でも、洋菓子より豆花を愛するアラフォーとなっては、素食もありがたくいただくことができる。午前中からガッツリ肉を食べる必要はない。

この店は女子率が高く、客の9割は女性だ。ただし女性客の年齢層は幅広い。20代前半と思しき女性もいれば、80代のおばあちゃんふたり組の姿もある。そして料理がとにかく華やかなのだ。トマトとグリーンピースの炒め物はまるでクリスマスツリーのように派手やかだし、カボチャの煮付けも鮮やかな黄金色だ。冬瓜の煮物はきれいな薄グリーンで、真っ赤なクコの実と黄色い生姜《しょうが》の千切りが散らしてある。ナスの炒め物は艶やかな紫色だし、芋の揚げ物は金色の衣がいかにも食欲をそそる。食べ物ってこんなに色があったのか、と感心してしまう。

カラフルな惣菜《そうざい》が並んだ端に紙のトレイが置いてあるので、これに客は好きなもの

庶民の菜食バイキング「三來素食館」にて、筆者の盛り付け

を取り分け、最後にレジでお会計という運び。テイクアウトの場合は紙のトレイではなく弁当箱におかずを取り分ければいい。料金は料理によって細かく設定されていて、1元単位で変わるが、欲しいものをめいっぱいトレイに載せても、せいぜい100元（約370円）前後。白米はプラス10元で、スープは無料だ。

私が一番気に入ったのは、春巻きだ。ブロッコリースプラウトがふんだんに入っていて、他にもレタスのような葉っぱやニンジンが、白い春巻きの皮にくるまっている。中華の素食なのに、ブロッコリースプラウトのせいか、ヨーロピアンな味わい。野菜の歯ごたえがシャリシャリと気持ちいい。

芋粿《ユーグォ》（タロイモまんじゅう）も期待通りの優しい味だ。スイーツというほど甘くなく、おかずにしては上品すぎる薄い塩加減。薄紫の色合い通り、ほんのりタロイモが香り、お餅のような、それでいてベタベタしすぎない食感。たくさん食べても太らない気がする。しょっぱさや甘さがはっきりした屋台料理に胃腸が疲れてきたら、素食という選択肢も悪くない。

さらに、肉は避けたいがタンパク質は摂《と》りたい、という人のために、大豆を利用したパンチの効いたおかずも揃っている。「これ肉じゃない？」と思えるような野菜と豆腐の炒め物もうれしい。驚いたのは肉なしの割包《グァバオ》があること。割包といえば台湾の代表的屋台料理のひとつで、白い肉まんの皮のようなものに、脂身の多い煮込み豚肉や香菜、ピーナッツの粉などを挟んだもの。この店では、なんと豚肉の代わりにさつま揚げを割包に挟んでいる。見た目は通常の割包にそっくり。一度食べてみたいものだが、やっぱり割包ファンの私としては脂肉たっぷりの割包にありつきたいので、手が出なかった。

コラム①

寧夏夜市の魅力と、周辺の人気店

士林《スーリン》をはじめ、台北市内だけでもいくつもの夜市があり、リピーターならどこへ行こうか迷うことだろう。なかでも特に飲食屋台が多い夜市として挙げられるのが、寧夏《ニンシャー》夜市だ。地元でも美味しいものが多い夜市として定評があり、300メートルほどの通りに、店がコンパクトにまとまっているので歩きやすい。

寧夏夜市は、「圓環《ユエンホアン》」という、かつては台北のヘソだった部分から始まる。圓環は日本時代に作られたロータリー跡で、台北駅に近く、戦後は台北食文化の中心だった。

午後4時を回ると、仕込みを終えた店がポツポツと営業を始める。一番賑わう時間帯は夜7時過ぎ。人気の蚵仔煎《オアジエン》店（牡蠣入り卵焼き）をはじめ、初心者でも食べやすい臭《ツォウ》豆腐《ドウフ》や、春巻きなどの美食が充実している。

また、夜市周辺に人気店が多いこともメリットのひとつ。

「三元號」のフカヒレ入り魚翅肉羹

まずは夜市の一本西側に延びる通り沿い、圓環に近いところにある「三元號《サンユエンハオ》」。

この店の魯肉飯は、こってりした脂身の多いものと違い、あっさりとして食べやすい。1世紀近い歴史を誇り、多くの台湾人にとって「懐かしの味」だ。また、看板メニューのひとつである魚翅肉羹《ユーツーロウゲン》という餡かけスープ。なんとフカヒレ入りで、やはり老舗の伝統の味である。

夜市で食べるのは楽しい。でも多くの日本人にとって辛いのは、夜市の店にはまずお酒が置いていないことだろう。唐揚げや腸詰めを食べながら、ビールがあったらなぁ！　と思うことがよくある。そんなときは夜市を冷やかした後、ビールを求めて海鮮店や鴨肉店を探す。海鮮、鴨や鵝鳥《がちょう》肉、鍋の店にはたいていお酒がある。私が訪れた「安安《アンアン》廚房《チューファン》」は夜市に近く、小ぎれいな海鮮料理店。久しぶりに集まった学生時代の友人4、5人でテーブルを囲み、酒を飲みながら昔話をする、といったシチュエーションによく合う店だ。

「安安廚房」の客家小炒

つまみには客家《クージャー》小炒《シヤオツアオ》を選んだ。客家《はっか》の人たちが生み出した、肉やイカ、揚げ豆腐、野菜などの炒め物なのだが、味が濃くてビールによく合う。厚揚げがカリカリに炒めてあり、イカや豚肉の旨味がギュッと凝縮されていていい。夜市の後の大人飲みにおすすめだ。

コラム②

台北の〝浅草〟艋舺で下町グルメ三昧

台北の下町、艋舺《バンカ》（萬華《ワンホア》）。この街の見どころは有名な龍山寺《ロンサンスー》だけではない。その西にある艋舺夜市や梧州街《ウージヨウジエ》は最近、おなじみの華西街《ホアシージエ》夜市をしのぐ賑わいを見せている。

朝は梧州街と廣州街《グアンジヨウジエ》の交差点にある「牛腩湯《ニヨウナンタン》」であっさりした牛筋スープをすする。朝6時から営業していて、10時には売り切ってしまう人気店だ。

食前の散歩に、青山宮《チンサンゴン》という廟がある辺りまで歩いてもいい。この廟、こぢんまりとしているが、造りに丹精が感じられ、なかなか趣がある。そして、いい廟のそばには旨い店がある。

朝粥なら「老艋舺《ラオバンカ》鹹《シエン》粥《ジヨウ》店《デエン》」。さらっとした粥と香ばしい揚げチャーシューのバランスがいい。サイドディッシュには骨仔肉《グーズーロウ》とゴボウのテンプラ。骨仔肉は柔らかい肉と軟骨のコリコリ感がたまらない。ゴボウのテンプラは、根野菜の歯ごたえが小気味よい。

「老艋舺鹹粥店」のゴボウのテンプラ

朝食が済んだら、目の前の直《ズー》興《シン》市場を冷やかす。ここは龍山寺前の東三水街《ドンサンスエジエ》市場より、さらに地元に密着した朝市だ。観光客の姿はほとんどないが、活気があってブラブラするだけで楽しい。

「一《イー》肥《フエイ》仔《ズ》麵《ミエン》店《デエン》」は今の女将さんが3代目という老舗食堂。この店には最近ちょっと見かけない豬油飯《ズーヨウファン》がある。白いアツアツのご飯にラードと醤油をかけたもので、台湾の子供にとっては卵かけごはんのような存在。少し硬めのご飯に上質な豚の脂が香る。肉がない分、白黒切《ヘイバイチエ》（茹で豚のスライス）や野菜炒めなどのサイドメニューが引き立つ。この店の白黒切がまた旨い。ピンク色でプリプリした豚レバーは生姜と甘口の醤油ダレでいただく。だが残念ながら酒がない。

早朝から多くの人が訪れる直興市場

酒を飲むなら、**「祖《ズー》師《スー》廟《ミャオ》口《コー》自《ズー》助《ジユー》餐《ツアン》」**。清《チン》水《スエイ》巌《エン》祖師廟のすぐ脇という神聖な昼飲み酒場だ。ここは午後3時には閉まってしまうので、飲み足りなかったら、隣の**「沙《サー》茶《チャー》牛《ニヨウ》肉《ロウ》大《ダー》王《ワン》」**に移動しよう。濃い味付けの牛肉炒めはビールや焼酎が進む。

もう少し遅い時間帯なら、地元客に人気の**「阿《アー》秀《シヨウ》傳《チユアン》統《トン》切《チエ》仔《ズ》麵《ミエン》」**へ。ここは鯊《サー》魚《ユー》煙《イエン》（サメの燻製《くんせい》）や鴨肉スライスが絶品で、夜9時半の閉店までビールが飲める。どのメニューも下町価格で安いのがうれしい。鴨肉スライスは、専門店だと250元はするプレートが、ここでは150元で食べられる。

第2章

台北の学生街で台湾グルメ入門②

公館

台北最大の学生街、公館

下町っぽい学生街と水源市場　朝・昼型

国立台湾大学、国立台湾師範大学、そして国立台湾科技大学。台湾の名立《なだ》たる名門国立大学が3校も集まるのが、台北市南部の公館《ゴングアン》エリアだ。

学生の街というだけあって、公館はいつも若々しく、賑やかで、そして食べ物や服が安く手に入る。東京だと、御茶ノ水や高田馬場が学生街に当たるかもしれないが、公館はもっと下町っぽくてゴチャゴチャしている。また、台北の渋谷・原宿と言われる西門町《シーメンディン》よりもずっと庶民的だ。このエリアには中学校や高校もあるので、学校名が入ったジャージの上下を着た女の子たちが、タピオカミルクティーをストローで吸いながら歩いていたりする。いや、最近は台湾の高校生も、徐々に日本の女子高校生みたいになりつつあって、短いチェックのスカートに長いストレートの黒髪をたらし、気だるそうにスマホをいじっていたりする子もいるのだが……。

学生街という顔を持つ公館だが、実はもうひとつ、パワフルな一面がある。MRT

MRT 新店線「公館」駅前の水源市場

新店《シンデエン》線・公館駅前にある「水《スエ》源《ユエン》市《スー》場《チヤン》」がそれだ。外国の著名な建築家がデザインしたという割には垢抜《あか》けない外観だが、これもまた公館らしさかもしれない。

水源市場は10階建てほどの大きなビル（上階は役所や映画館などが入っている）の1階と2階にある。精肉や野菜を扱うブースは2階にあり、こちらは早朝から営業しているのだが、水源市場の特徴は、なんと言っても午前11時頃からオープンし始める1階のフードコーナー。水源ビルの1階には20軒以上の食堂が並んでいる。狭い通路は、その日のランチを物色する人や順番待ちをする客でごった返し、常に満員電車のような状態。そのパワーにしばしば圧倒される。

大人気の自助餐、注文はスリリング　昼型

水源市場の1階フードコーナーは、早朝から開いている店はあまりない。ほとんどの食堂がランチ営業だ。11時開店のところが多く、開店と同時に行列ができる店も少なくない。水源市場に挑むには、気合いというか、心構えというか、何らかの準備が必要な気がする。それほど威勢がよく、知らずに訪れると気後れしてしまうかもしれない。

そんな迫力あるフードコーナーのなかで、特に長い行列を作っている店がある。店名は特になく、店の上に掲げられた看板には小さく「63」という文字。水源市場のなかの63番ブースというわけだ。水源市場のすべての飲食店には、同じサイズの看板が掲げられている。普通はこの看板にブース番号と店名が書いてあるのだが、63番ブースだけは名前がないのか空白だ。それでもこの店の前の通路にあるカウンターには、常に十数人の行列ができており、客足が途絶えることがない。

ガラスケースの中には、多彩なお惣菜が並んでいる。台湾では特に昼時に多い「自《ズー》助《ジュー》餐《ツアン》」と呼ばれるバイキング式食堂だ。自助餐には、客が自分でおかずを選び、皿やトレイに取り分けていくセルフサービスタイプと、この店のように、おかずを指さ

して店の人によそってもらう注文タイプの2種類がある。いずれの形式でも、白米、肉や魚の主菜、そして副菜を数点選んで最後に会計をする。一律○元、と決まっている店もあるが、量り売りや点数によって値段が変わる店が多い。内容によるが70～90元くらいが相場だろう。

この〝無名〟自助餐の行列は長いことは長いが、心配することはない。流れがものすごく速いのだ。ガラスケースの向こうにいる、この店の迫力の源だと思われるおばちゃんが、ものすごい勢いでトレイに肉や魚の主菜をよそっている。よく見ると、その隣にいる細身のおじさんも、これまたものすごい勢いでトレイに野菜をよそっている。このふたりの素早い動きが、ベルトコンベアのように行列を次から次へとさばいているのだ。すばらしいチームワーク。

このふたりの連携プレーに合わせてスムーズに注文するには、コツがある。それさえわかれば、言葉なんか通じなくても美味しい自助餐にありつける。

まずは店内で食べるのか、テイクアウトなのかを決める。この店では半分以上の客がテイクアウトなので、行列に並ぶときに蓋付きの紙製弁当箱をもらう。でも、店内で食べる場合は弁当箱ではなく、間仕切りのあるプラスチックのトレイを使う。

次に副菜を3品選ぶ。別途お願いすれば4品でもいいのだろうが、イレギュラーなことを言う隙《すき》が与えられない雰囲気なので、ここは3品と考えて、手際よく3種類のおかずを指さす。とはいえ、卵とトマトの炒め物だったり、ブロッコリーの和え物だったり、20種類以上のカラフルな副菜が並んでいる。当然目移りするし、なかなか決められない。だが、迷っていると細身の副菜担当のおじさんが、持っているオタマをカチカチ鳴らして、いかにも「早くしろ」というふうなので、焦る。焦るとなおさら決められない。だから、並ぶ前におかずを決めておくのが賢明だ。おじさんのオタマが動くペースに合わせて「コレ、コレ、コレ」と3種類を指させるように準備しておこう。

3種の副菜が所定の場所におさまったら、トレイは女将《おかみ》さんの手の上に移動する。ここで主菜を選ぶ。これも素早く、的確に伝える必要がある。選べるのは1種類のみ。ところが主菜も魚と肉を合わせて10種類以上あるので、こちらもあらかじめ決めておくべきだろう。実際、私はこのシステムを知らずに並んだので、主菜を前にして数秒間気持ちに迷いが生じてしまった。でも、すぐ前に並んでいた女性が「蜜汁排骨《ミーズーパイグー》（蜂蜜漬けの豚肉）」と言っているのを聞き、「何!?　蜂蜜漬け？　私もそれ！」と即決し

水源市場63番ブース、店名のない自助餐の蜂蜜漬けの豚肉

たので、ベルトコンベアを止めずにすんだ。

こうして無事に主菜1品と副菜3品をゲットしたら、別の碗に白米をよそってもらう。スープはセルフサービスで、無料。ワカメスープや薄味の味噌汁などが大きな寸胴《ずんどう》鍋に入っているので、これを自分でよそって席につく。

さて、ハラハラしながら手に入れた蜂蜜漬けの豚肉。これがすごい。蜂蜜漬けであることを誇るように、テカテカと光り輝いている。ふりかけられた白ゴマが、トロトロの蜂蜜ソースに張り付いている。小学校の給食に出た大学イモを思わせるビジュアル。肉は薄めだが大きく、そして柔らかい。白いご飯の上に蜂蜜漬けの豚肉をひと切れ載せてみる。白と赤茶色の美しい調和。こってりした味付けなので、白米がすすむことすすむこと。濃い！　甘い！　旨い！　白米を大盛りにすればよかった。バランスを考えたら、どうしたって肉のほうが余ってしまいそうだ。副菜をブロッコリーやジャガイモなど野菜中心にしておいてよかった。こんなふうに外食で野菜不足を補えるのも、自助餐の大きな魅力なのである。

トマト丸ごと1個入り！　ヘルシー餃子スープ　昼・夜型

水源市場のなかでもひときわ異彩を放つ店がある。「陳師傅《チェンスーフー》 全麦手工水餃《チュエンマイショウゴンスエジャオ》」だ。この店もL字カウンターがあるだけの簡素な造り。ただ、壁やカウンターには、料理に関する能書きが記されたパステルカラーの紙が隙間《すきま》なく貼られていて、ゴチャゴチャ感がある。席は10席ほどしかないので常に満席。L字型に一人ひとり並んで食事をする客の後ろに、さらに次の客が待っているという落ち着かないシチュエーションではあるが、この店のメニューをひと目見たら「！」となって、どうしてもチャレンジしてみたくなるだろう。

料理の見た目のインパクトに関しては、水源市場で右に出るものがない。日本のラーメンどんぶりくらいの大きさの器の中に、考えられる野菜をすべて山盛りにした野菜スープ。なんと、トマトが丸ごと1個スープに浸《つ》かっているではないか。

ようやく席を確保して注文の段階になる。先ほどの自助餐と違って、この店は店内で食べる客が多く、あまりの大きさに完食するのに時間がかかるため、客の回転はそれほど早くない。10分ほど待たされたので、その間に頼むものを考えておいた。ここはインパクトの大きな、トマト丸ごと野菜スープを頼みたい。ところが、運ばれてきた野菜スープの下を掘り起こしてみると、中には大きな水《すい》餃子《ギョウザ》が入っていた。これがこの店の看板、小麦を丸ごと粉にした全粒手作り餃子である。

台湾で全粒の食品が流行して久しい。健康志向が強いので、特に全粒のパンは女子の間で人気が高い。でも、全粒餃子というのは初めてである。この店では一番人気の全粒餃子と並んで、全粒麵も人気があるらしい。全粒麵を使った牛肉麵、キムチ麵、豚肉の麵などが用意されている。

私が頼んだ野菜てんこ盛り全粒餃子入りスープは、「青花翠餃《チンホアツエジヤオ》」という春の草原のような美しい名前が付いている。トマトが丸ごと入っているだけでなく、チンゲンサイのような野菜も根っこから丸ごと入っているし、通常の餃子の1・5倍サイズの全

「陳師傅全麥手工水餃」の野菜たっぷり餃子スープ（トマトは奥側）

粒餃子が8個も入っている。この巨大どんぶりとどう闘おうか手間取っていると、隣ですでに同じ「青花翠餃」と格闘を始めたおばあちゃんがいた。彼女は黙ってトマトと野菜に交互にかじりついている。この巨大どんぶりをたったひとりで注文するなんて、台湾の高齢者はすごい。

この野菜スープにはちょっと変わったトッピングがある。テーブルの隅に置いてあるグリーンピース、赤唐辛子のスライス、乾燥豆腐である。これをどんぶりの中央に自分でトッピングしてから食べ始める。唐辛子はそれほど辛くない。赤い唐辛子と緑色のグリーンピースが、もともと鮮やかだった野菜スープにさらなる彩りを添える。

トマトは甘く、野菜類は歯ごたえがしっかりしていて、どれも新鮮でみずみずしい。スープはあっさりしていて、それでいて野菜の旨味がギュッと凝縮されている。全粒餃子は通常の白い餃子と違って、皮がモチモチしていて食べごたえがある。大きな餃子を半分くらいかじると、残った餃子の肉汁がスープに広がって、さらに美味しくなる。かなりのボリュームなので、ふたり一品で十分かも。一食でこれだけ野菜が摂れるのは、台湾ではとても貴重だ。

カレー屋さんの甘口カツカレー　昼・夜型

台湾の人は、なかなかのカレー好きである。日本時代からカレーは存在していて、巷《ちまた》には片栗粉でとろみをつけたような昔懐かしいカレーがまだ残っている。日本のカレーはオシャレに進化したが、台湾のカレーはまだ、当時の味を維持しているように思える。台北下町の路地裏に行くと、朝から黄色くて甘いカレーを煮込んでいる店があったりする。

そうは言っても、台湾の日本文化も変わりつつある。最近では年間３００万人近い台湾人旅行客が日本を訪れ、台湾人留学生が日本の学校に通う時代だ。当然、台湾に

右が「陳師傅全麥手工水餃」、左奥が「三時午咖喱屋」

おける日本式カレーも、これまでのように黄色くて甘いだけのカレーではなく、「ＣｏＣｏ壱番屋」のそれのように、辛さや具材を自由に組み合わせられる、まろやかなカレーに変わってきている。

水源市場のなかにもカレー専門店がある。その名も「三時午咖喱屋《サンスーウーガーリーウー》」だ。面白いのは、白米か麵かを選べるところ。つまり、カレーを選んだら、カレーライスにするか、カレーうどんにするかを選ぶというわけだ。人気はカツカレー、チキンカレー、野菜カレー、コロッケカレーなど。しかし、どうやらこの店では辛さは選べないらしい。

市場の食堂にしては小ぎれいな店で、食器類も清潔感があり好感が持てる。店のスペースは他とさして変わらないので、やはり10人も座ればカウンターはいっぱいになってしまう。こちらも常に満席の人気店だ。

カツカレーを頼んだ。こんもりと盛られた白米の上には目玉焼きと薄いとんカツが載っている。オプションで頼んだわけでもないのに目玉焼きが載っているのはうれしい。卵は万人を幸せにすると私は思う。日本のラーメンでも、台湾の魯肉飯でも、プラス10元とか50円とかで煮卵が付くなら喜んで払う。朝は特に、サンドイッチの中に卵が入っていたり、豆漿屋さんで蛋餅（卵巻き）を食べたりすると元気になれる。

この店のカレーは、日本の甘口カレーといったところで、まろやかな味。とんカツのほうは厚みが足りない気がするが、台湾らしい少し甘味のあるソース味が付いていて、まろやかなカレーとよく合う。台湾のパワフルな屋台フードに疲れたら、こんな優しい日本風の味もいいな、と思ってしまう。

大豆とピーナッツの冷たいスイーツ　昼・夜型

台湾で涼しいと感じる時期は限られている。台北なら11月から2月くらいまでがその時期だが、比較的過ごしやすい気温かもしれない。私が公館を訪れたのは9月の終わりで、日本では季節の変わり目だが、台湾では夏真っ盛りという30度超えの暑い日だった。

公館は店が密集しているので、その分暑さも厳しく思えてならない。こんなときは、やはり冷たいものに限る。水源市場の入口は、公館の目抜き通りである羅斯福路《ロースーフールー》に面しているが、市場をぐるりと一回りして裏口を出ると、そこは汀州路《ティンジョウルー》という商店街になっている。学生街らしく、若者向けの服やシューズを扱う店、そしてメガネ屋さんや本屋さんも多い。昔は日本よりもずっと安価でメガネが作れたので、公館に行くたびにメガネを物色していたが、今では日本もずいぶん気軽に作れる値段になった。

公館の飲食店の多くはこの汀州路沿いや、枝分かれした小さな路地にある。それにしても、暑いのでコンビニで涼もうか……と思ったところに、「豆花《ドウホア》」の文字が目に入った。乱雑にバイクが停められた道路沿い。四角い、白い看板に赤字で「龍潭《ロンタン》豆花」とある。ただそれだけの、実にシンプルな外観だ。店構えもこれ以上ないくらい簡素。内装らしきものがいっさいない。これから内装業者が入る店舗みたいだ。

ガランとした店内には大きめのテーブルが5卓ほどと、赤いプラスチックの丸椅子が無造作に置いてある。殺風景な店だが、豆花を求めて訪れる客は後を絶たず、店内

「龍潭豆花」の冷たい豆花35元

はほぼ満席だし、店頭の寸胴鍋のそばには数人が並んで待っている。テイクアウトの客も多い。お兄さんが寸胴鍋の中からせっせと豆花をすくい上げ、碗によそっている。

龍潭豆花で扱っているのはただ一つ。「豆花35元」。壁に貼ってあるのはこれだけで、トッピングを選ぶ必要もない。どうやら冷たい豆花か、温かい豆花かは選べるようだが、私が訪れた9月末は冷たい豆花を頼む人しかいないのだろう。店頭に立つお兄さんの仕事は、ひたすら寸胴鍋の豆花を碗によそって35元を受け取るだけ。客と言葉をかわす必要もない。

1種類しかないシンプル豆花には、豆花の他に初めからピーナッツとシロップ、そして氷が入っている。選ぶ余地はないらしい。私はさっそく碗になみなみとよそわれた豆花を、そっと持って席についた。

ドアがないので店内はそれほど冷えていない。だから余計に氷入りの豆花がすーっと身体に染みて、気持ちいい。はあ〜、と思わず溜息をつく。甘さ控えめの豆花は大豆の香りが強く、歯ごたえもしっかりしている。プリンみたいに柔らかいのに、大豆の歯ごたえなのか、ザラッとした感触があるから不思議だ。そこに、豆花と同じようなクリーム色に煮込まれた、甘いピーナッツがたっぷりと入っている。甘いシロップ、ザクザクした氷。豆花に入っている氷は、かき氷のように細かくもなく、氷の塊というわけでもない。豆花と一緒にスプーンですくって食べると、口の中でちょうどよくぶつかり、ちょうどよく溶けてくれる。

暑さが厳しい台湾では、ついコンビニでキンキンに冷えた飲み物を買いたくなってしまう。でもこんなふうに、冷たさも甘さもちょうど優しい豆花くらいのほうが、身体は喜ぶのかもしれない。口の中で豆花と氷が一緒に溶けるのを感じながら、今日が暑い一日であることに感謝する。

学生街でお手軽四川料理　昼・夜型　酒あり

台湾では「中華料理」という言葉をあまり使わない。中華料理と言っても、色々ありすぎてひとくくりにできないからだ。例えば台湾の屋台料理は「小吃《シャオツー》」（軽食）と呼ばれ、「料理」という文字すらつかない。

それ以外の中華料理は、それぞれの土地ごとに「四川《しせん》料理」「浙江《せっこう》料理」「湖南《こなん》料理」などと呼ばれる。台湾の人口の多くは中国本土から移り住んだ漢民族で構成されているが、そのなかでも戦後に移住してきた人は外省人と呼ばれる。外省人は中国全土から集まっていて、選りすぐりのシェフたちが各地の美味しい料理を台湾に持ち込んだと言われている。

その中でも四川料理を探したのには理由がある。暑い台湾に数日滞在すると、辛いものがほしくなるからだ。そうかといって、安くて美味しいものを食べ歩きたい私としては、本格的な四川料理レストランはハードルが高すぎる。そこで、学生の街、公館の四川料理店「重順川菜餐廳《ツオンスンツアンツァイツアンテイン》」の扉を叩いた。ここは店もきれいで、きちんとした「レストラン」という雰囲気はあるのだが、とにかく安い。豆腐料理、野菜料理、肉料理のほとんどが一皿100元～150元程度でかなり良心的だ。一皿と言っても数人で分け合うだけの量がある。だから、3人で三皿も頼めばお腹いっぱいになってしまう。この店は、実は学生街にありながら、地元の教師たちや会社勤めの人たちがちょっとした会食に使う隠れ家的なレストランなのだ。安いと言っても学生にはやや高めらしく、大人が気軽に利用できる価格帯というわけだ。

この店で一番高い（それでも300元）の左宗棠雞《ズオゾンタンジー》（揚げ鶏の甘辛ソースがけ）と無難な麻婆《マーボー》豆腐を注文した。数あるメニューの中で、左宗棠鶏だけ唐辛子マークが3つ付いているので、かなり辛そうである。

まずは麻婆豆腐。こちらは見た目が日本の麻婆豆腐とそっくりだ。もっと赤いものが出てくるかと思っていたので、ちょっと拍子抜けしてしまった。味も想像どおりの麻婆豆腐であまりひねりがない。でも、日本の麻婆豆腐よりも少し「麻」の部分が強い気がする。麻婆豆腐の「麻」は中国語では痺《しび》れるという意味で、山椒の実をたっぷり使うほど、舌にビリビリと痺れるような辛さを感じる。

そして左宗棠鶏。真っ白い皿にぬらっと光る鶏肉と真っ赤な唐辛子、鮮やかな緑色のネギなどが盛りつけられている。ほどよい辛さでご飯がすすむ。台湾の屋台では麵率が高く、またご飯ものも魯肉飯や雞肉飯《ジーロウファン》（鶏肉飯）など、最初から白米の上に何かが載っている場合が多いので、こんなふうに大皿で出てくる鶏肉をホカホカの白米と一緒に食べると、ちょっとぜいたくな気持ちになる。

有名店でなくても十分美味しい小籠包　朝・昼・夜型

店頭で勢いよく湯気が上がる蒸籠《せいろう》。でも店の看板には「雞《ジー》（鶏）」とある。ここは小籠包から唐揚げ弁当まで幅広いメニューを取り揃えた「金雞園《ジンジーユエン》」。

小籠包といえば「鼎泰豊《ディンタイフォン》」というのが普通の日本人の発想だろう。お約束として、初めて台北を訪れるなら鼎泰豊とマンゴーかき氷は押さえておきたい。その気持ちはわかる。私だって初めて韓国へ行ったときは、地元の人に「韓国人は牛より豚の焼肉をよく食べるんだよ」と言われても、どうしても牛カルビを食べたいと言い張った。だから鼎泰豊を否定しない。でも、やっぱり高い。高すぎる。小さな小籠包が蒸籠に10個入って２００元（約７４０円）である。カニ味噌小籠包なら３４０元（約１２６０円）もする。だから、一度行列に並んで鼎泰豊を体験してみたら、次からは、地元民が日頃から食べている小籠包を味わってみるのもいいと思う。

公館には、そんな普段着の小籠包がある。実はこの店、鼎泰豊本店がある永康街《ヨンカンジエ》にも店舗を構えているのだが、公館のほうが本店。庶民的な食堂なので、注文もテーブルの上に置かれたシートに自分で記入する。普通の小籠包は60元（約220円）、カニ味噌小籠包は70元（約260円）。

この店の小籠包は5個入りだ。通常、一人前は10個なのだが、食べ歩きをする身にはうれしい単位だ。普通の小籠包とカニ味噌入りとを組み合わせて注文することもできる。10元の差なら、と私は鼻息荒くカニ味噌小籠包を注文した。

小籠包は注文を受けてから店頭で蒸される。湯気が上がる蒸籠に期待しながら、店内を物色。小籠包やエビの蒸しシュウマイなど、台湾というより中国東北地方の粉物を扱う店だ。中国式の点心もたくさん揃っていて、店頭に並んだ色とりどりのスイーツが目を楽しませてくれる。

ラードと粉を練って作る「酥餅《スーピン》」と呼ばれるタイプのお菓子が、大きな丸い鍋の縁をぐるりと囲むように置いてある。私が初めて体験した「酥餅」は太陽餅《タイヤンピン》という名前のお菓子だった。大きくて丸く、確かに太陽みたいに白っぽい黄金色をしていた。「酥餅」は、サクサクとしたパイ生地の中に甘い餡や卵の黄身が包まれていることが多い。でも初めて太陽餅を食べたときは、そのサクサク具合に戸惑った。パサパサしていて口に入れた瞬間に口中の水分が奪われ、口が乾いてしまうのだ。とても水分なしでは食べられない。「酥餅」には中国茶がよく合うのだが、私は豆乳や牛乳と一緒に食べるのも大好きだ。もともと鎌倉の鳩サブレーと牛乳という組み合わせが大好物なのだが、それによく似ている。

　スイーツに目を奪われている間に、カニ味噌小籠包がテーブルに運ばれてきた。まだ白い湯気が上がっていて熱そう。蒸籠の中に、5粒のダイヤモンドのような小籠包が座っている。皮が薄く、しかも肉汁がたっぷりで皮の下のほうがシワシワになっているから、小籠包が肉汁の上で正座しているみたいでなんだか可愛らしい。でも、この店の小籠包は、一つひとつがかなりの大きさだ。

　肉汁たっぷりの薄皮小籠包は食べるときにテクニックが要《い》る。第一関門は蒸籠から持ち上げるとき。勢いよく箸でつまんで持ち上げると皮が破けて肉汁が漏れ、それでひとつめの小籠包は美味しさが半減してしまう。いや、半減どころではない。ほとんど食べる価値がなくなると言ってもいい。ここは慎重に持ち上げたい。蒸籠の底からそっと小籠包をつまみ上げ、優しくレンゲの中に移してあげる。レンゲの上に座らせた小籠包に刻み生姜を載せる。ひとつめは熱いのでそのまま口に入れると肉汁が飛び出してやけどしてしまう可能性がある。ひとつめに限り、レンゲに載せた小籠包の端っこをかじって、中の肉汁を吸う。ここで肉汁を減らしてから、刻み生姜とともに口の中に運ぶのだ。ふたつめからは少し冷めてきているので、レンゲに載せた後は肉汁を吸わずにそのまま口の中に運んでも大丈夫。

肉汁を吸った瞬間、カニ味噌の香りが漂う。ああ、カニ味噌味を選んでよかった！　普通の小籠包も豚肉の甘味が強くて十分美味しいのだが、カニ味噌はさらにぜいたくな風味があり、また格別である。5個のカニ味噌ダイヤモンドが70元だなんて、どうかしている。

若者の行列、黒糖タピオカミルクティー　昼・夜型

私は、常に人の先回りをして効率よく物事を片付けていると気持ちがよくなるタイプの人間だ。でも日本だと重宝がられるこの性格も、台湾にいると障害になる。台湾人の歩調はゆっくりだし、約束はあまり守られないし、思ったことは思い通りに進まない。人の先回りをしたつもりでも、まったく見当違いの結果を生むことがある。

だから、台湾にいるときはスイッチをオフにして、ちょっとゆっくりするようにし

ている。ぶらぶらと路地裏を歩きまわって、人だかりができているお店を覗《のぞ》いてみたり、いつもは降りない駅で降りて、ひと駅分歩いてみたり。疲れたらコンビニで休憩したり、台湾スイーツで気分転換したりする。

普段は効率重視人間だから、行列に並ぶことも苦手項目のひとつ。でも、台湾では積極的に並ぶことにしている。その先に、食べたことのないものがあるからだ。

行列にも色々ある。例えば水源市場の無名自助餐（P48）の行列は、ひと目見て名店だとわかる。並んでいるのが中高年だからだ。昔から繁盛している店で、間違いなく美味しい。だから昼時には当たり前のように並ぶ。でも決して遠くから来た旅行者ではない。よく見るとランニングシャツにサンダルという格好だったり、ポリ袋を提げて買い物のついでに寄ったというふうだったりする。

一方、私が今並んでいるのは、名店と言うよりもメディアに踊らされているタイプの行列である。公館エリアのど真ん中、金雞園や重順といった老舗のすぐ近くの十字路に異様に長い行列ができている。若者ばかり、30人くらいいるだろうか。ただ、マスコミに取り上げられて一時的に行列ができ、１カ月後には閑古鳥というわけでもない。若者ばかりが並んでいるのは、ここが公館だからだ。

「陳三鼎《チエンサンディン》」という看板には、ヘンな顔のおじさんのロゴマークが描いてあってインパクトは強め。豚足飯（豬腳飯《ズージャオファン》）でも出しそうな店名だが、ここは黒糖タピオカミルクティーの専門スタンドなのである。若者の間では常に人気のようで、いつ来ても行列だと、前に並ぶ女子高生が教えてくれた。

行列に並んだ人たちは、頼まれて買いに来ているのか、ひとりで4杯とか6杯とかたくさん買っていくのでなかなか時間がかかる。10分以上並んでようやく順番が回ってきた。メニュープレートの下に「超人気」と書かれた「青蛙撞奶《チンワードンナイ》」を注文する。甘さを選んだり、氷の量を選んだりすることができるらしいが、あまり細かい注文をせずに、出されるものを受け取った。一杯35元。かなり満足度の高い大容量カップなのでコスパはよさそうである。

タピオカミルクティーなので、おなじみの太いストローでいただく。人差し指が入りそうなくらい太いストローのとがっている先を、カップの蓋になっているビニール部分に勢いよく突き刺して穴を開ける。でも、この青蛙撞奶に限っては、ストローを突き刺す前に必ずよく振ること。中で牛乳と黒糖とタピオカたちがいい具合に混ざり合うのだ。

黒糖タピオカミルクティーの人気店「陳三鼎」の行列

太いストローをカップの下のほうまで突き刺して、ミルクと黒いつぶつぶを一気に吸い上げる。上品な黒糖の香りがふわっと漂う。これは美味しい！　タピオカは大粒で柔らかく、お餅のような食感がたまらない。黒糖の香りもさることながら、この店で使っているミルクは新鮮ですっきりしているようだ。もちろん、タピオカミルクティーと黒糖を合わせたものなので、恐ろしいほど甘い……ことを想定していたけれど、案外すっきりした甘さ。冷たさがまた心地いい。

台北市内だけでも、タピオカミルクティーのスタンドは数えきれないほどある。でも、これはという特別なタピオカミルクティーに出合うことは少ない。つまり陳三鼎は数少ないタピオカミルクティーの名店だと言えるだろう。甘いものが好きなら、並んでみて損はない。

台湾バーガー、割包の食べ方　昼・夜型

台湾の屋台料理は実にバラエティ豊かで飽きることがない。数えられないほど種類のある「小吃」（軽食）の中でもトップ5に入るくらい好きなものがある。「台湾バーガー」の異名を持つ「割包《グアバオ》」だ。肉まんの皮のような白いフワフワの生地に、こってりとした豚の角煮を挟んでハンバーガーのように食べる。皮の部分を虎の口に見立てて、「虎咬豬《フーヤオズー》」（虎が豚に噛みつく）という愛称もある。

　割包は屋台料理のひとつだが、小さな割包専門食堂もある。公館にも割包の名店「藍家割包《ランジャーグアバオ》」がある。ここは割包と四神湯《スーセンタン》（漢方煮込みスープ）の専門店で、メニューは少ない。店に入ったら内用《ネイヨン》（イートイン）か外帯《ワイダイ》（テイクアウト）かを選び、ピンク色の注文用紙にチェックマークを入れる。

　割包店ではふつう、中に挟む豚肉の種類を選ぶことができる。ほとんどの店に「肥肉《フェイロウ》」（脂身たっぷり）、「痩肉《ソウロウ》」（脂身を除いた肉の部分）、「綜合《ゾンハー》」（脂身と肉をほ

どよく混ぜたもの）の3種類がある。かつては「肥肉」をよく頼んだが、アラフォーとなった最近は「綜合」を選ぶようにしている。「痩肉」でもいいのだが、フワフワの皮と一緒に食べるとき、少し脂がのっているくらいがちょうどいいのだ。

藍家割包の店頭には蒸籠が置いてあって、肉が挟まれるのを待つ白い皮が山積みになっている。これがなんとも可愛いらしい。注文すると、手にポリ手袋をはめたお兄さんが、蒸籠から切り込みの入ったホカホカの皮を一枚取り出し、貝のように開いて、肉と、高菜のような漬物をぎゅうぎゅう詰め込んでいく。そしてピーナッツの粉をたっぷりかけて、香菜を散らし、ポリ袋に入れて渡してくれる。イートインなのになぜポリ袋に入れるのか？　それは、ポリ袋に入っていないと中身がボロボロこぼれて食べづらいからだ。ハンバーガーを食べるとき、包み紙を剝《は》がさずに、バーガーの後ろ側を包んだままかぶりつくのと同じ理屈である。だから、割包を食べるときもポリ袋から全部取り出してしまわず、半分だけ出してかぶりつくのがいい。

この店の割包はずいぶんしっかりと味付けされていて、香りも濃厚だ。でも、たっぷりのピーナッツの粉が甘味を添え、そこに香菜が加わるとちょうどよいバランスになる。割包は、ある程度肉に脂身があるほうが、周りの白い皮と混ざり合って歯ごたえも風味もちょうどよくなるのだ。そのままポリ袋に入れてテイクアウトし、歩きながら食べるのも楽しい。

歌うタイ料理の名店　昼・夜型　酒あり

公館ではタイ料理やベトナム料理の店が目につく。そもそも台湾には、タイ料理の店が多い。これは、台湾人がタイ好きだからに他ならない。一般に北半球の人々は、自分たちがいる場所よりも南の地域に、淡い憧れを抱いているような気がする。日本人にとっても、リゾートといえばハワイ、グアムなど、日本よりも低い緯度にある場所である。もちろん、リゾートといえば北海道という人もいるだろうが、やっぱり温かい場所のほうが気持ちが緩み、軽装でのんびり過ごせるイメージがある。

日本人から見ると、台湾人だってかなりのんびりしているように見えるのだが、台湾人にとってのタイ人は、さらにのんびりして見えて羨《うらや》ましいようだ。台湾のように暑い地域に暮らす人でも、もっと暑い場所をリゾートとして好み、マンションを買ったり、移住しようとしたりする。東南アジアのなかでは旅行先としてタイがもっとも人気だ。二番目がベトナムである。

飲食店が多く集まる公館でも、タイやベトナム料理店が多い。そして安い。普段から食べている屋台料理や中華料理に飽き、ちょっと趣向を変えたいときに、タイ料理はよい選択肢なのかもしれない。

公館の飲食店が立ち並ぶ汀州路《ティンジョウルー》に「泰國小館《タイグオシャオグアン》」という30年も続いているタイ料理レストランがある。でも、うっかりすると通り過ぎてしまうくらい、飲食店らしくない店構えだ。ガラス窓にはベタベタとポスターや雑誌の切り抜きが貼ってあって、店内の様子がほとんど見えない。店の前にはダンボールに入ったタイのカップ麺や缶詰、調味料が並んでいて、「ああ、タイの食材店ね」といった雰囲気なのだ。

私がこのタイ料理店を訪れたのは午後2時過ぎ。ランチ客の姿はなく、まだ夕食にも早い半端な時間帯だったので、店内にはほとんど客の姿がなかったのだが、ランチやディナーの時間に来ると座れないことも多い。誰かと相席になることは覚悟しなければならない。

でも、この日の泰國小館は、寒いほど冷房を効かせた室内で、若いお父さんがまだ一歳にも満たない赤ちゃんをあやし、歌を歌っているところだった。ガランとした店内に派手なテーブルクロスがかかったテーブルが5、6卓。どうやら2階席もあるらしいが、繁盛店ならすぐに埋まってしまう広さだ。

古い雪山のロッジを思わせるような薄っぺらいベニヤの壁に、正面のガラスと同じくらいたくさんのポスターや雑誌の切り抜きが貼られている。他にもタイ人だろうか、若いアイドル歌手のポスターや、大きな葡萄《ぶどう》の絵が描いてあるカレンダー、この店の店長が有名人と撮影したらしき写真などもベタベタと貼り付けてあり、そのセンスのなさにはいささか閉口する。金色の像を描いた高価そうな壁掛けがあるのに、周りのポスターや写真が、その威厳を半減させている。それに、奥のレジ周辺には私物や備品が乱雑に置かれていて、レストランというより、誰かの家で料理を振る舞われているような雰囲気である。

注文しようとメニューを見ると、これがまたすごい品数だ。ランチ向けのワンプレートもあれば、数人で頼むような大皿料理もある。どれを頼んでいいかわからず、子供をあやしている若い父親に声をかけようとするが、彼が歌をやめる気配はない。子守唄のような歌ではなく、どちらかというとポップス系の歌謡曲を気持ちよさそうに歌っていて、子供をあやしているのか自分が歌いたいだけなのかよくわからない。それにしても、なかなかの美声である。

「あの〜、何がお薦めなんですか？」と聞いてみると、少しだけ歌を中断して「メニューに全部あるでしょ」と言うと、また歌に集中し始めた。ちょっとなまりがある北京語だ。タイ人なのだろう。

ここはシンプルにワンプレートランチを頼むことにした。出てきたのは大きな丸い皿に黄色いスープ。ジャガイモや赤唐辛子の細切り、そしてライス。上に目玉焼きが載っている。このワンプレート、150元（約550円）もする。これは公館にしては高い。とまどいながらも黄色いスープカレーを口に運ぶ。辛い！　頭から汗が吹き出す。しかし、ココナッツミルクのまろやかさ、スパイスの酸味、唐辛子の辛味のバランスがいい。これは本場タイで食べたものに近い。ものすごく美味しい辛さだ。150元が高くなさそうに思えてきた。この味があるから、垢抜けない店構えでも常連客が逃げず、30年以上も人気店でいられるのだろう。

マントウのあるカフェ　昼・夜型

台湾の朝ご飯屋さんに並ぶマントウ。漢字で書くと「饅頭」だが、餡が入った日本の饅頭《まんじゅう》とは違って、肉まんやあんまんの白い皮の部分だけの、フワフワした塊だ。

豆漿の店に行くと、たいていガラスケースの中できちんと並んで温まっている。真っ白なプレーン味の他に、うっすら茶色いのはタロイモ味、黄色はサツマイモ味、という具合にほんのり味が付いていることもある。プレーンタイプは朝ご飯のときに、真ん中にサンドイッチのように切り込みを入れて、卵焼きを挟むこともできる。マントウの中に卵焼き！　こんなに優しい朝ご飯ってあるだろうか。台湾で暮らし始めた20代の頃は、あまり味の付いていないマントウを物足りなく感じた。肉まんの皮の部分だけを食べたって喉《のど》が渇くだけだ。でも年を重ねるにつれて、不思議と、ほんのり甘い香りがするマントウが好物になった。柔らかいマントウを少しずつちぎって豆乳と一緒に流し込む。至福のひとときだ。

でも、マントウが朝だけの食べ物かといえば、そんなことはない。公館には、なんとアフタヌーンティーにマントウを添える店がある。「點來鮮美食坊《デエンライシエンメイシーファン》」というシックな外観のカフェである。狭い店内にテーブルはなく、コーヒーにまつわる雑貨やコーヒー豆が置いてある。確かに「饅頭専売」とあるのに、店内に漂うのはコーヒーの香りばかり。すると上品なマダム風の店員さんが「マントウが蒸しあがるのは3時半頃なのよ」と教えてくれた。

この店は、コーヒー一筋30年というおじさんが経営するカフェだ。もともとコーヒーの専門家だったが、いつのまにかパンやマントウ作りに目覚め、コーヒーとマントウを組み合わせるようになった。

この店のマントウは、ちょっと変わっている。売れ筋はデンマークチョコレートマントウ、抹茶マントウ、レモンチーズマントウ、バターマントウなど、いずれも耳慣れないものばかり。マントウといえば、せいぜい芋か野菜が少し混じったくらいのものしか食べたことがなかったので、洋菓子屋のようなメニューに目が点になってしまった。どれも試したい！

すると、焦る気持ちをなだめるように、マダムが「3時半にまた来てね」と言う。仕方なく近所を歩いて時間をつぶし、1時間後にまた覗いてみると、ちょうど何種類かのマントウが蒸しあがったところだった。ご主人が店の奥にある巨大な蒸し器から20個ほどのマントウが載った大きなトレイを引き出している。マントウひとつのサイズがとても大きい。それに形も素敵だ。クルクル巻きになったマントウの中にピーナッツが挟まっていたり、シナモンロールのようなマーブル色のチョコレートマントウだったり……。蒸しあがったその姿にうっとりしてしまう。

「點來鮮美食坊」。左から、抹茶あずきマントウとチョコレートマントウ

この店の2階は、最低消費が100元（約370円）のカフェになっている。私はブレンドコーヒーとチョコレートマントウという組み合わせを注文し、席についた。この店のマントウは蒸しあがるそばから売れてしまうそうなので、確実に目的の味を手に入れたい客はあらかじめ電話予約をするそうだ。

やがて、マダムが大きな白い皿にチョコレートマントウを載せてやってきた。まだ湯気が上がっているマントウ。きれいなマーブル色のマントウは、チョコレートがほんのり香るだけで、甘いチョコレートの味がするわけではなかった。でも水の代わりにミルクを使って作られたというマントウだけあって、食べるとふんわりミルクの香りがする。生地はフワフワで呼吸をしているよう。手でちぎるのがためらわれる。ミルクがたっぷり使われているせいか、マントウなのにコーヒーにもよく合う。

もうひとつ、抹茶あずきマントウも頼んでみた。こちらはきれいなうぐいす色をしたまん丸のマントウ。生地を割ってみると、中から粒のかたちが残ったあんこが出てくる。このあんこがまた上品な味なのだ。ああ、こっちは緑茶がほしくなる……。

専門店だけあってコーヒーも香りが豊かだ。学生街の公館には少し場違いなくらい上品なカフェで、マントウのオシャレな一面を垣間見た気がした。

コラム③

迪化街散策と路地裏の人気店探し

台湾の旧正月は毎年変動するが、1月末から2月半ばであることが多い。この間に台北を旅するなら迪化街《ディーホアジエ》へ足を運ぶといいだろう。

日本時代に建てられたバロック式の建築物はいつ見ても優雅で、通りを歩くと台湾、日本、西洋が融合する不思議な空気が感じられる。さらに旧正月前ともなれば帰省前に土産を買ったり、新年に客人を迎えるための食材を買ったりする人たちで溢れかえり、旧正月の活気を堪能できる。

迪化街の魅力は、乾物街や建物ばかりではない。通りの中央に位置する永樂《ヨンラー》市場は布を扱う市場だが、生鮮食品の朝市でもあり、4階には地元民に愛されている自助餐「**真好味客家菜**《ジエンハオウェイクージャーツァイ》」などがある。

また、市場周辺も名店揃い。「**民樂旗魚米粉湯**《ミンラーチーユーミーフェンタン》」は午前中が狙い目。鰹ダシの効いた優しい米粉スープや、ジューシーなチャーシューは絶品だ。

迪化街から大稲埕《ダーダオチエン》へ向かう一帯は下町散歩コース。路地裏を歩くと風情のある店に出くわすことがある。「**老阿伯魷魚焿**《ラオアーボーヨウユーゲン》」もそのひとつ。うっかりすれば見過ごしてしまいそうな小さな屋台だが、午前中は人だかりがあるのですぐわかる。

名店を見分けるコツのひとつは、やはり客数。整然とした行列ではなく、屋台の周りに群がるように人だかりができている店がいい。

テイクアウトの品を待ったり、席を待ったり、会計を待ったりしている客が店の前に群がっているのだ。

もうひとつのコツは客の服装。ジャンパーにサンダル姿が多ければ、地元で愛されている証拠。特にこの店のような朝型店は、ご近所さんたちのお気に入りの朝食処だから、味は保証付き。

さらにもうひとつ挙げるなら、清潔感はあるが、適度にくたびれた店構え。歴史を感じさせながらも、手入れが行き届いている屋台は安心だ。

迪化街と大稲埕の間にある「老阿伯魷魚焿」

昼どきにこの店の前を通りかかった私は、ギリギリのところで看板メニューの魷魚焿（イカ餡かけ）と魚丸湯《ユーワンタン》（魚のすり身団子汁）にありついた。「最後の1杯だよ！　あんた運がいいね」と女将さん。しっかりとした歯ごたえのイカと、ふっくらとした白身の魚のすり身。そこに黄色くて太い麺が入っている。やっぱり当たりである。

麺入りの魚丸湯

コラム④

廟前の昼酒天国経由、骨付き豚肉

廟の前には旨い店がある。これは台湾で食べ歩くうちに気づいた法則のひとつ。台北西部の下町、大稲埕にある廟、慈聖宮《ツーセンゴン》はその典型だ。

朱色をベースにした明るい本殿の前には広場があり、神が宿るといわれる何本ものガジュマルの木が日陰を作っている。ここには名物屋台がずらりと並ぶ。食べ物だけでなく、酒もある。だが、週末は観光客が多く、落ち着かないので、平日の昼間がいい。散歩ついでにふらりと立ち寄ると、地元のオヤジたちが口角泡を飛ばしながら議論している。廟前、聖なるガジュマルの木、旨い酒とつまみ。理想的な台湾昼飲みの構図だ。

海鮮の店、魯肉飯の店、スープの店、色々あるが、気に入った店で注文したら、その店の前に並んだテーブルに陣取る。他店でもう1品頼んだ場合は、それも持ち込んでOK。他店の食べ物を持ち込んでも嫌な顔をされないのが台湾の飲食店のいいところ。廟の境内で昼酒なんて、神様との酒宴みたいで実に愉快。

この廟前酒場は午後3時には

「阿華鯊魚烟」の醤骨頭

店じまいしてしまうのだが、飲み足りないときは、すぐそばに「阿華鯊魚烟《アーホアサーユーイエン》」という面白い店がある。なんとサメ料理の専門店。台湾ではサメの燻製は珍しくないが、ここではサメのあらゆる部位の燻製を出す。肉はもちろん、皮、軟骨、内臓、眼など。珍味の盛り合わせをワサビと甘口醤油ダレでいただく。うん、これは確かに酒に合う。

店で働く男の子が、巨大なヤカンに4本の瓶を逆さまに突っ込んでいる。「それは何？」と聞くと、「維大力加米酒《ウエイダーリージャーミージヨウ》」だと教えてくれた。維大力はオロナミンCのような炭酸飲料で、米酒は焼酎。オーナーいわく、サメの燻製にはこのミックスドリンクが最高に合うのだとか。

もうひとつの名物は、醤骨頭《ジャングートウ》という肉料理。巨大な骨付き豚肉が大皿に載って出てくるのだが、かぶりつくと手が汚れるのでポリ手袋付き。ん？　なぜかストローが付いている。骨の脊髄《せきずい》を吸うためである。ストローを骨の中に刺して吸い上げると、生温かい、なんとも言えない旨味のある液体が口に広がる。肉は柔らかく、肉本来の旨味が味わえる淡白な味付けだ。

豚骨の脊髄をストローですする

コラム⑤

ハーフサイズのお気軽北京ダック

気どらない店で、安く美味しく食べられる台湾では、なかなかきちんとしたレストランに行こうという気にならない。でも、たまにはオシボリが出るような店で、一流中華を味わうのも旅のアクセントになりそうだ。例えば、日本なら1万円以上してしまう北京ダックなんてどうだろう。

台湾の北京ダック専門店は、通常丸ごと1匹を3つの調理法で3品に分けて食べる。これを「三吃《サンツー》」と呼ぶ。まずダックの皮とその下の肉を、薄餅《ボービン》と呼ばれる小麦粉の薄皮で包んで食べ、身の部分は野菜と炒めて食べ、そして骨をダシにしたスープを飲む。

ところが、この食べ方にはひとつ難点がある。ダック1匹はかなりの量があるので、2、3人では食べきれないのだ。

そこで、「半隻《バンズー》」というダック半分だけを出してくれる店をご紹介したい。かつては半隻を扱う店もけっこうあったが、最近では珍しくなってきた。

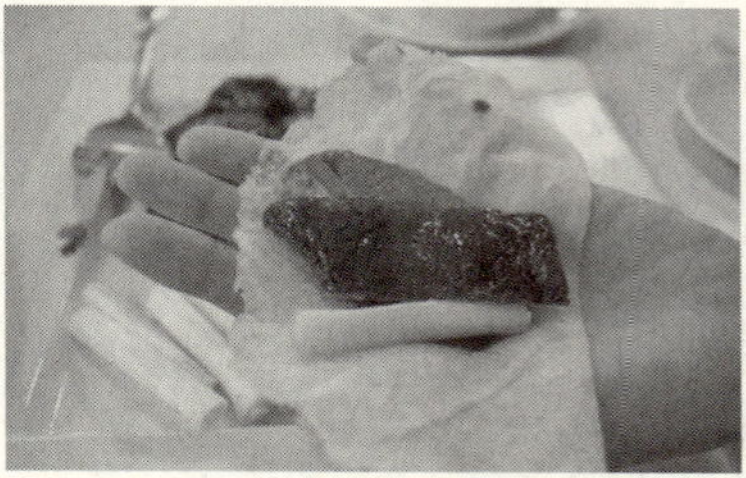

皮と肉にタレとネギを添え、薄餅で巻いてぱくり

半隻ダックが食べられるのは、台北市内の高級ホテル福華大《フーファダー》飯店《ファンデエン》（ハワードプラザホテル）2階にある

「珍珠坊《ジェンジューファン》」。ここは本格派飲茶と広東料理のレストランなのだが、北京ダックの「半隻」メニューがある。量は2、3人前。残念ながら、ここでは「三吃」ではなく皮の部分のみだが、値段は600元（約2200円）！日本なら1万円はすることを考えると、ものすごいお得感。

広い吹き抜けロビーが印象的な福華大飯店

ただし、仕込みに時間がかかるので、電話予約が必要だ。

真っ白な皿に載って登場する北京ダックの皮は、見事な艶を放っている。白い薄餅の上に白ネギ、甘い味噌だれ、ダックを1、2枚載せてクルクルッと巻く。

ダックは思った通り、外側はパリパリの食感だが、中の肉はジューシー。鴨の美味しい脂がじわりと白い薄皮に染みて、味噌ダレやネギとともに、上品だが力強い調和をなす。北京ダックって最高の中華料理のひとつだ、とあらためて思う。とは言え、たくさん食べるとしつこいので、2、3人でシェアするくらいがちょうどよい。

珍珠坊は飲茶専門店なので、点心と呼ばれる蒸し餃子、蜂蜜チャーシュー、春巻きなども絶品。どれも3、4個ずつが小さな蒸籠や皿に入って出てくるので、数人でシェアするといい。

第３章

台北駅から地下鉄15分のグルメタウン①

板　橋

板橋——「安くて美味しい」がギュッと詰まった街

台北の南西、淡水河の向こう側

台北市の西側には淡水河《ダンスエハー》という大きな川が流れている。この川の向こうに、板橋《バンチヤオ》という町がある。淡水河は台北市と台北県（今の新北市《シンベイ》）を分かつ川だった。板橋人にとって、淡水河は大都会・台北への関所である。

台湾の西側を走る台鐵（在来線）の特急列車自強號《ズーチヤンハオ》は、台北と台北以南の都市を結んでいる。それらの都市から鉄路で北上するとき、終点台北駅のひとつ前の駅が「板橋駅」だ。私は北上する列車が板橋駅に着く頃、降りる支度《したく》を始める。でも、一度も板橋に降り立ったことはなかった。

かつて台北を目指して北上した高雄《ガオシヨン》、台南《タイナン》、台中《タイジヨン》、新竹《シンジユー》などの地方の人たちは、まずは物価の安い板橋で荷を下ろした。台北を目指した者たちがこの地に降り立ち、廟を建て、市を開き、家を建てて家庭を築いた。父親は台北に働きに出て、夜は板橋に暮らす家族のもとに帰ってきた。

そんな板橋で育った子供たちは、小銭を握りしめて台北行きのバスに乗った。橋を渡った先には艋舺《バンカ》（萬華《ワンホア》）がある。1970年代の艋舺は、東京で言えば、ひと昔前の浅草のような繁華街で、よいことも、悪いことも、すべては艋舺で起こっていた。そんな台北の都会、艋舺を目指して若者は川を越えた。

今、台北市の中心は東区《ドンチュー》や信義区《シンイーチュー》といった東側へとシフトし、艋舺を中心とした台北の西側は下町になった。そして、淡水河を隔てて台北と隣接する板橋や三重《サンチョン》は台北のベッドタウンとなった。台北進出を目論《もくろ》む人たちが板橋に仮住まいする時代は終わり、台北に通いやすく手頃な物件が多い板橋に定着する時代になった。今、板橋には高層マンションが林立している。

廟と市場

ＭＲＴ板南線《バンナン》の板橋駅辺りは、洗練された都会に生まれ変わった。でも、この駅の南西方向、かつて在来線板橋駅があった場所には、戦後の混乱期の息づかいが聞こえてきそうな街並みが残っている。今のＭＲＴ板南線「府中駅《フージョン》」があるところだ。

府中駅前から人の流れに沿って小ぎれいなビルの間を歩いて行くと、目の前にオレ

黄石市場側から見た庶民の廟、慈恵宮

ンジ色の廟が現れる。これがかつての板橋の中心である慈恵宮《ツーホエゴン》だ。オレンジ色に見えるのは、廟の壁にびっしりとぶら下がった提灯《ちょうちん》の色だ。廟の両脇を固めているビルにも赤やオレンジの提灯がぶら下がっていて、どこからどこまでが廟なのか、その境目がわからないくらい街と一体化している。廟の天井や屋根を見ると、かなりの歴史が感じられるのに、入口はピカピカに光っていて提灯も華々しい。

これは素敵な廟だなあ、とため息が出る。古い廟がそのまま維持されているのに、入口は掃除が行き届いていて、たくさんの人が線香をあげているのだ。街全体が包み込むようにしてこの廟を愛していることがよく伝わってくる。

慈恵宮は府中路《フージョンルー》、文化路《ウエンホア》、東門路《ドンメン》の3車線が交差する大きな交差点のすぐ脇にある。それほど広くはないが車の通りが多い府中路をまたぐと、向かいは黄石市場《ホアンスースーチャン》という伝統市場だ。この市場の入口には慈恵宮と同じ赤とオレンジを基調としたピカピカ光る電光掲示板ゲートが取り付けられている。派手だけど、中途半端で垢抜けない。でも地元の人や、台北からやって来る人たちを拒まない。そんな優しさと楽しさがある門構えだ。

台湾人は数世帯が寄り集まると、そこに廟を建てる。これは、台湾で暮らすほとんどの人たちが中国本土からの移民であることに理由がある。古くから台湾で暮らす先住民と呼ばれる民族は、全人口の約2パーセントとごくわずか。中国本土から台湾への移民が始まったのは17世紀頃だと言われている。もちろん、台湾海峡を越えて台湾に移住してきたわけで、人々は船旅の無事を祈って媽祖《マーズー》という海の女神像を船に乗せた。そして、無事に海峡を渡り、台湾へたどり着いたとき、船旅の無事を感謝して媽祖を祀る廟を建てた。だから、台湾人が居を構えるところには廟が建つ。そして廟には日々祈りや感謝を捧げる人が集まるのだ。今もこうした風習は根強く残っていて、人々は廟の周りに集まりたがる。祈りを捧げるだけではなく、神様がいるところで食事をしたり、物を売ったりしたがるのだ。板橋の慈恵宮はそんな街の成り立ちが如実に表れていて興味深い。

府中路の両脇の歩道には3メートルおきに、文鳥が入った小さな鳥かごを置いて座っている占い師がいる。小学校の勉強机くらいの小さなテーブルを挟んで、文鳥占いや四柱推命などを提供するらしい。これがけっこう人気らしく、近所の人たちが気軽に訪れている様子。通り過ぎながら聞き耳をたててみると、ひとりの若い男性は、どうやら引っ越しについて相談をしているらしい。どの日程でどの方角へ引っ越すべきか、といったアドバイスを受けている。夕暮れどきの午後6時。家々の電気が灯り、電光掲示板が明るさを増すなか、ぶらりと慈恵宮の周りを歩き、市場の入口を眺めた。それだけで、私はもうこの板橋という街が好きになり始めていた。

踊るシェフ、イカの餡かけスープ　朝・昼型　廟前・人だかり

黄石市場は朝型の市場だが、精肉や野菜以外に飲食店や服、雑貨などを扱う店も多く、こうした店は夕方頃まで営業している。そのうちに、午前中はシャッターを下ろしているが午後から営業する店などが明かりをつけ始め、夜まで客足があるので、一

日中賑やかな雰囲気がある。

台湾の店は営業時間がまちまちだ。日本のように、10時に開店し、夜の8時、9時に閉まるといったように統一されていない。

特に飲食店に関しては複雑だ。数種類の料理に特化した専門店が多く、それぞれの料理は朝食べるものなのか、夜食べるものなのか、なんとなく決まっている。例えば、豆漿の店は早朝から営業しているが、夕方は閉店し、また夜食を求める客のために宵の時間に開店したりする。蚵仔煎《オアジエン》（牡蠣入り卵焼き）などの屋台料理は夕食時と相場が決まっているので、夕方4時頃から夜中の12時頃まで営業している場合が多い。だから、目当ての飲食店があるなら、営業時間を把握するのが賢明だ。例えば、黄石市場で一番人気のイカの餡かけスープの店「生炒魷魚《シエンツアオヨウユー》」。この店は朝8時から夕方5時半までの営業。ただし、あまりに人気があるので売り切れてしまい、閉店時間のだいぶ前に閉めてしまうことも珍しくない。慈恵宮の向かいのゲートをくぐり、ずっと真っ直ぐ歩くと人だかりが見える。人だかりがなければ、店は営業していないと思っていい。それくらい、常に混雑している店なのだ。

人だかりをかき分けると、ふたつのカートが見える。片方では上半身ハダカの若い男性が、肉体美をさらしながら鍋の前でオタマを振り回している。反対側のカートでは、ランニングにジーンズという出《い》で立ちの小柄なおじいちゃんが、素早い手つきで厚揚げや糯米腸《ヌオミーチャン》（もち米の腸詰め）などを切り、小皿に盛りつけている。双方、競争でもしているかのような勢いで一心不乱に作業を続けている。運動会のリレーのときにかかるBGMでも流れてきそうである。

きれいに一列の行列ができている飲食店は注文しやすい。でも、この屋台のように人だかりができていて、これから注文する客と、注文済みで品物を待っている客、店内で食べようと席を待っている客、テイクアウトの品が出てくるのを待っている客などがごちゃ混ぜになっていると、注文のタイミングが非常に難しい。

私は、ふたつのパフォーマンス屋台の奥に並べられたテーブルに自分の席を確保すると、さっそくイカの餡かけスープを注文するタイミングを計った。店内（といっても、軒下のコンクリートにテーブルを並べてあるだけのオープンな店なのだが）をウロウロしているお姉さんに、「ここ、イカスープ一杯」と告げる。

それにしても、イカの餡かけを作っている男性のインパクトがすごい。上半身ハダカで丸刈り。一見、野球少年が汗をかいてボールを追いかけているようなイメージだが、下はズボンに長靴という姿で、両足を踏ん張りながら、大鍋をぐるぐるかき混ぜている。大鍋の中にはイカのぶつ切りとキャベツが入った餡かけスープ。ドロッとしたスープなので、力を入れないとうまく混ざらないのだろう。それに、大鍋はボウボウと強火にかかっているので、彼の立っている鍋前はおそらくすごい熱風で、服など着ていられないくらい暑いはずだ。食べ物を扱う厨房では白衣を着て手袋をする、という日本の常識をくつがえす、台湾屋台のダイナミズム。

イカの餡かけは、小さな器に盛られてくる。子供の茶碗くらいの大きさだ。でも、そこになみなみと溢れんばかり、いや正確に言えばすでに溢れて、碗の縁からポタポタとテーブルに垂れている。スープはほどよくとろみがついていて、濃厚。レンゲでひと口すすって「！」となる。イカの旨味と、一緒に煮込まれたキャベツの甘味が凝縮されて、なんとも複雑なコクが出ている。これは美味しい。イカの餡かけスープは一般的な屋台料理なので、これまで何度も食べてきたが、正直、大好物とは言えなかった。でも、この店のものは今まで食べたなかで最強だ。大きなぶつ切りのイカはプリプリで歯ごたえがものすごい。イカの皮がプチッと音を立てて歯に当たる。でも、身の部分はとても柔らかく、甘味が強い。

「生炒魷魚」のイカの餡かけスープ

目の前に、私より少し年上だろうか、板橋マダムが3人座り、それぞれ一杯ずつイカの餡かけを注文していた。3人とも近所に住む主婦で、買い物帰りに寄ったらしい。家族の話、子供の学校の話など、おしゃべりを楽しみながらスープをすする3人。ファミレスでコーヒーを飲みながら、というのではなく、市場の小吃を食べながら集うところがいかにも台湾、いや板橋らしくていい。「こんなのおやつよぉ、帰ったら夕飯の支度しなきゃ」とひとりが笑う。

　この店はイカの餡かけの他に3つの小吃があり、どれも唸《うな》るほど旨い。イカ餡かけといい勝負だ。糯米腸《ヌオミーチャン》、蘿蔔糕《ローボーガオ》（大根もち）、芋《ユー》粿Q《グオキュー》（タロイモの厚揚げ）は、隣のカートのおじいちゃんが大きな包丁で切りさばいて小皿に並べ、どんどん出荷している。腸詰めの中にはふっくらとしたもち米。小吃ではあるが、もち米なのでけっこうお腹にたまる。芋粿Qは、タロイモの香りとほんのりとした甘味が屋台料理とは思えないほど上品だ。イカの餡かけとこの小皿料理のために、淡水河を渡る価値は十二分にある。

地味に美味しい上海小籠包　昼型　廟前

踊るシェフの人気に圧倒されて息を潜めるように店を構えているのが右隣の「上《シャン》海《ハイ》」という名の餃子・小籠包専門店。イカ餡かけの店で知り合った板橋マダムが「隣もなかなかよ」と言うので足を運んでみることにした。

「上海」という名の店は小籠包や肉まんを扱っていることが多い。粉物の本場はやはり中国大陸というイメージだからだろうか。ただ、私は台湾に7年暮らした後、2年ほど上海に住んでいたのだが、上海で小籠包や肉まんが飛び抜けて美味しいと思った記憶はあまりない。

この店は珍しく焼き餃子、水餃子、蒸し餃子の3点が揃っているうえ、汁入りの薄皮小籠包がある。そうかと思うと、なぜか酸辣湯《スアンラータン》とコーンスープ、そして豆漿もメニューに含まれている。不思議な店である。そして、女将さんが若くて美人だ。

中華圏では、餃子といえば水餃子が主流だ。しっかりと厚みのある皮で餡を包み、これをたっぷりのお湯で茹《ゆ》でる。食べるときは醤油や酢をつける。なんとなく殺風景な料理だが、野菜と肉と炭水化物を一度に摂れる、手軽な栄養食である。なかなかいのが、日本のような焼き餃子。これは台湾では鍋貼《グオティエ》という別名がついていて、たいてい大きな丸い鉄板で数十個の細長い餃子を蒸し焼きにする。パリパリの焦げ目がついてジューシーな鍋貼は、この店の一番人気らしい。水餃子と鍋貼はまったく別の料理として扱われているので、このふたつが一緒に置いてある店は珍しいのだ。

餃子も魅力的だが、店頭で量産されている小籠包を見て、つい頼んでしまった。小籠包は上部のヒダが多いほど美しいと言われる。蒸す前の小籠包はまん丸で、粘土で作ったみたいに真っ白な色をしている。やはり注文を受けてから蒸籠で蒸し始める。この店の小籠包はなんと8個で60元（約220円）。価格破壊と言ってもいいくらい安い。板橋は台北中心部よりも物価が安いのだろう。刻み生姜とともにいただく小籠包は、肉汁がたっぷりで、アツアツで美味しかった。隣のイカ餡かけに押され気味ではあるが、豚肉の甘味がギュッと凝縮された、かなりレベルの高い小籠包である。次は一番人気の鍋貼を食べてみたい。そう思いつつ、小籠包を頬張った。

おでん風さつま揚げと最強辛味調味料　昼・夜型　廟前

台湾にも「テンプラ」という料理がある。日本語の「天婦羅《てんぷら》」がもとになった言葉ではあるが、野菜や海鮮に衣を付けて揚げる天婦羅ではなく、西日本や九州で「天婦羅」と呼ばれる「さつま揚げ」を指す。私は関東育ちなので、天婦羅といえば野菜や海鮮の揚げ物だと思っていた。さつま揚げのことを天婦羅と呼ぶということは、台湾で知ったくらいである。

でも、台湾のテンプラはさらに独自の進化を遂げて、さつま揚げ以外にも大根、つみれ、豆腐、そして、もち米に豚の血を加えて煮固めた台湾独特の豬血糕《ズーシエガオ》など、色々な食材をミックスして煮るようになった。こうなると、天婦羅というよりおでんに限りなく近い。でも、台湾にはテンプラとは別に「黒輪」という料理があり、こちらは正真正銘、日本の「おでん」が独自に発達したものだ。黒輪は台湾語で「オレン」と読む。日本語のおでんに字をあてたもの。黒輪も魚のすり身やちくわ、豬血糕をおでん汁で煮込んだものなので、昨今ではテンプラと黒輪の境界線はにじんでいる。

板橋にあるのは、「北門田不辣《ベイメンテエンプラー》」というテンプラ専門店。田不辣は台湾北京語で「テェンプラー」と読む。黄石市場から少し離れた、ちょっと人通りが少ない大通り沿いにあるのだが、学生にも人気らしい。学校帰りに友達同士で立ち寄ったのであろう、ジャージ姿の高校生が3人で、それぞれテンプラをつまんでいる。なるほど、テンプラも小吃の一種というわけだ。

この店にはメニューがふたつしかない。テンプラの盛り合わせ「大」か「小」だけだ。大根いくつ、厚揚げいくつ、なんて複雑な頼み方をする必要はない。私は「小」を注文した。食べ歩きが旅の主目的なら、どんなに美味しいものでも「大」を頼んではいけない。短い滞在でなるべく多くの種類を楽しみたいなら、最小単位で頼まなければならない。「小」を2、3人でシェアするくらいがちょうどいい。

「小」の碗には、魚のすり身団子、厚揚げ豆腐、大根、豬血糕などが少量のおでん汁に浸かってやって来た。でも、具材の上にはドロッとした茶色いタレがたっぷりかかっていて、具材の姿がほとんど見えなくなっている。このタレ、いったい何なのだ? ペロリと舐《な》めてみると、田楽味噌のような甘い味噌ダレだった。ああ、そうか。名古屋式か、と私は思った。名古屋で食べた甘い味噌によく似た味なのである。

「北門田不辣」の魚のすり身団子、厚揚げ豆腐、大根、豬血糕

北門田不辣の具はどれもレベルが高い。大根はホクホクに煮込まれていて味が染みているし、練り物も風味がいい。何より、どれも味噌ダレと実によく合う。だが、この店の最大の特徴は、オリジナルの辛味調味料ではないだろうか。テーブルの上に何やら赤い瓶が置いてある。一種のラー油なのだが、唐辛子だけでなく、色々な具材が詰め込まれていて複雑な深みがある。激辛だが、味噌ダレの上にちょこんと載せると、おでん汁、具材、味噌ソースというほんわかした優しい味に、ピリッとスパイスが加わって味が引き締まる。辛いもの好きにはたまらない、風味豊かな調味料だ。

このオリジナル調味料は人気らしく、別途、瓶詰めを120元で販売していた。私は辛いものが大好きな父に土産《みやげ》として購入することを決めたのだが、その後、帰国するまでこの辛味調味料に振り回されることになった。添加物が入っていないため要冷蔵なので、ホテルを移動するたびに冷蔵庫を探さなければならず、部屋に冷蔵庫がないときはフロントに預けた。また、液体なので帰りの飛行機では機内持ち込みができず、別途料金を払って荷物を預け入れる羽目になった。かなりの労力とお金を費やして持ち帰ったわけだが、辛いもの好きの父は大変喜んでくれた。辛いので、使うのはごく少量。でも、旨味が凝縮されていて、麻婆豆腐や餃子など色々な料理に合う。

しばらくすると、店主が大きなヤカンを静かにそばに置いた。お茶？　と周りを見ると、隣の高校生グループのテーブルにもヤカンがある。彼らは半分以上食べ終わっているテンプラの碗に、ヤカンからドボドボと汁を注いで、これを飲んでいる。なるほど、これはおでん汁が入ったヤカンなのだ。私もこれに倣《なら》い、残り少ないテンプラの碗にスープを注いでみた。温かいスープを注ぎ入れると、残りの具材と味噌ダレ、そして辛味ソースがふわっと混ざり合って濃厚な香りがする。これは温まる！　ひと口すすって、はぁ～と思わず溜息が出る。冬になったら、また来よう。

やみつきアボカドミルク

朝・昼・夜型　廟前

かつて台湾で一世を風靡《ふうび》したドリンクに、パパイヤミルクというものがある。今も人気で、夜市などでは必ず売っている。1990年代に初めて台湾を訪れた頃はたくさんのガイドブックでパパイヤミルクが紹介されていて、日本語メニューがある店も多かった。最近はマンゴーかき氷に押されて、その存在が目立たなくなっている。

パパイヤミルクは名前の通り、パパイヤとミルク、氷などをミキサーで混ぜたシェイク状の飲み物。砂糖もたっぷり入っているのでかなり甘いが、フルーツベースなぶん、タピオカミルクティーよりもヘルシーかもしれない。

台湾はフルーツが豊富なので、パパイヤ以外にもパイナップル、スイカ、ココナッツなど、色々な果物がジュースになったり、シェイクになったりする。そのなかで、私の大好物は酪梨《ルオリー》牛奶《ニヨウナイ》（アボカドミルク）である。アボカドは果たしてフルーツか？　野菜か？　意見が分かれそうなところだ。私はアボカドを野菜だと思っている。サラダに入れたり、パスタに入れたりするが、フルーツジュースに混ぜようと思ったことはない。台湾で初めて酪梨牛奶を飲んだとき、酪梨がアボカドだとは気づかなかった。ほんのり黄緑色のジュースだが、すっきりとした甘味があって美味しい。少しだけ青臭いが、気になるほどではない。酪梨牛奶にハマり、何度か飲んだ後、正体を知って、「アボカドだったのか！」とびっくりしてしまった。

アボカドミルクには当たり外れがある、というのが私の持論だ。パパイヤミルクほど定番ではないので、ジューススタンドでも扱っていない店が多い。ときどき、アボカドミルク取扱店に遭遇しても、ただ青臭いだけの失敗作もある。安定して美味しいアボカドミルクを提供できる店は多くない。

そんななか、板橋黄石市場の入口付近にあるジューススタンドは、「酪梨牛奶」という大きな看板を掲げるほどアボカドミルクを専門的に扱った店である。これは期待できそうだ。スタンドにはココナッツやパイナップルなど、たくさんのフルーツが並んでいる。

スタンドで数分待っていると、おばちゃんが勢いよくミキサーを回し、アボカドミルクを手渡してくれた。うっすら黄緑色のような、オレンジ色のような、アボカドミルク。シェイクなのでストローは少し太めだ。もったりした汁を吸い上げると、口いっぱいに爽やかな甘味が広がった。うん、これは大当たり。アボカドの青臭さがほんの少しだけ、鼻の奥をくすぐる感じ。でも気になるほどではなく、ミルクの濃厚な甘味が優《まさ》っている。台湾食べ歩きの旅は、ちょっと甘いものを挟むとぐっと楽しくなる。

廟前、豚肉入り団子と漢方スープの名店　昼・夜型　廟前

摩訶《まか》不思議な台湾屋台料理は数多くあるが、そのなかでもかなり不思議な存在感をもつのが肉圓《バーワン》（台湾語）ではないだろうか。地方によって作り方が異なるので、ひと口に肉圓といっても見た目はさまざま。基本は、丸くて白っぽいモチモチしたお団子のような生地の中に、豚ひき肉が入っていて、上からドロッとした甘いソースがかかっている。外の皮が透明だったり白だったり、調理方法も揚げたり煮たりとさまざまなので、各地の肉圓を食べ比べてみるのも面白い。

慈恵宮の目の前、黄石市場の入口ゲートの真下にも名店「葉記肉圓《イエジーバーワン》」がある。２個セットで45元（約１７０円）はかなり安い。ひとつが少し小さめなので、食べやすいサイズだ。モチモチした皮の部分に箸を入れてみるが、これがなかなかちぎれない。すごい弾力である。やっとのことで皮をちぎると、中から濃い茶色の具が顔を出した。ひき肉とタケノコのみじん切りが団子状に煮詰めてある。皮のブヨブヨと味付けの濃い具を一緒にいただく。この店の肉圓は皮も具も弾力たっぷりで、食べごたえがある。

ソースは甘め。名店と言われるだけあって、オーソドックスで万人受けしそうな肉圓だ。

この店のもうひとつの売りが四神湯《スーセンタン》。私が大好きな漢方スープだ。初めて四神湯を飲んだときは、なんだかぼんやりした味で臭みがあり、ピンとこなかった。でもひと口、ふた口と飲み進めると、どうにもやめられなくなる。真っ白な豚骨スープに豚の小腸、蓮の実、薏苡仁《イーイーレン》（ハトムギの種子）などが入っているのが基本の四神湯。具材は台湾全土共通で、変わり種の四神湯はあまりない。ただ、美味しいかどうかだけの差である。葉記肉圓の出す四神湯はかなり美味しい部類に入る。味付けがはっきりしていて、具材の歯ごたえもちょうどいい。小腸の臭みが抑えられていて、まろやかなとんこつ味。四神湯は胃腸に優しく、滋養強壮や利尿作用を促す働きがある。食べ歩きで疲れた胃腸を癒《い》やすには持ってこいだ。

三位一体、計算しつくされた臭豆腐　夜型

ひんやりとした風が心地よくなってきた夕暮れどき。板橋の慈恵宮にもうっすらと影が落ち、提灯のオレンジ色がさらに鮮やかに見えてくる。黄石市場を離れて裏通り

をぶらぶら歩いていると、強烈な臭気が鼻をついた。臭みというより、あの懐かしい匂い……臭豆腐《ツオウドウフ》である。何メートルも離れたところからでも香る臭豆腐。匂いをたどれば見つけることができるので、看板要らず。臭豆腐は発酵させた木綿豆腐を油で揚げた屋台料理で、独特の臭みがある。

それにしても、すごい臭気だ。角を曲がる前から鼻孔を刺激し始めた匂いは、路地を曲がったところでさらに強烈になったが、まだ店の看板は見えない。しばらく歩くと、あった。人だかりができている。どうやらここも人気店らしい。開け放した広めの店の前に屋台があり、顔を覆うほど大きなマスクをしたおばちゃんがひとり、油のたっぷり入った大鍋で豆腐を転がしている。勢いよく音を立てる揚げ油。パチパチ鳴っている四角い豆腐が臭気の元である。

テイクアウトの客も多く、通りに並べられたテーブルもほとんど埋まってしまっている。なんとか末席を確保し、屋台の前に並んだ。

「懐念泡菜食品行《ホアイネエンパオツアイシーピンハン》臭豆腐《ツオウドウフ》」という看板が出ている。そう、臭豆腐で大切なのは、そこに添えられた白菜漬け（泡菜）の存在だ。いくら臭豆腐が旨くても、白菜が旨くなければその店は人気が出ない。逆に、臭豆腐はそこそこでも、白菜が美味しければ客が押し寄せる。脇役でありながら主役を立てる、欠くべからざる存在なのである。

ひと皿45元（約170円）。安い！　ここまで板橋を食べ歩いて確信をもったが、板橋グルメは台北よりも2割ほど安い。台北市内の夜市だと、臭豆腐は60元が相場だろう。臭豆腐は皿に匂いがつくので、ポリ袋で皿を包み、その上に臭豆腐を盛り付ける店が多い。そうすると、皿を洗わなくてもポリ袋を外すだけで片付けることができる。私はひと皿45元の臭豆腐を持って、ご機嫌で席についた。

白菜漬けをひと口食べる。おや？　思ったよりも薄味だ。これが人気店の白菜漬けだろうか……。少し肩透かしを食らった気分で、臭豆腐に箸をつけた。今度は汁の染みた臭豆腐の上に白菜を載せて食べてみる。旨い！　最初に白菜漬けだけを食べたときとまったく違う。

この臭豆腐、実は少し時間が経つと、上に載った白菜漬けの汁が臭豆腐にしたたり落ちて、皿の底にたまったソースと絡まる。臭豆腐は皿に盛ったばかりのときはカラカラに揚がっているのだが、上から白菜漬けの汁が染み込み、下からソースが染み込むと、じんわりと水分を含んで少し柔らかくなる。これが臭豆腐の食べ頃なのだ。豆腐を口に含むと、中からじゅわっと豆腐の汁が染み出す。臭豆腐、白菜漬け、ソース

「懷念泡菜食品行臭豆腐」の臭豆腐

のすべてを一緒に口にして初めて完成する旨味である。ほどよい臭みと甘辛いソース、素朴な白菜漬けの酸味の絶妙なバランス。

感激して臭豆腐の大鍋を操るマスクのおばちゃんに「すっごく美味しかったです！」と伝えると、おばちゃんはなまりの強い北京語で「社長はいないよ」と言う。どうやら東南アジアから出稼ぎに来ている女性らしい。律儀に社長の名刺を手渡してくれた。そこには「新北市政府警察局板橋分局・小隊長」という仰々《ぎょうぎょう》しい文字が並び、警官姿の男性の顔写真がある。これが、この臭豆腐店の親分なのか。警察官の副業？　ますます謎の多い店である。

板橋の夜市、迫力の牡蠣入り卵焼き　夜型

板橋の府中駅周辺はオールラウンドな下町である。徒歩圏内に廟、市場、占い通り、美味しい食堂など、あらゆるエンターテイメントが凝縮されていて、半日から1日ほどかけて食べ歩くには持ってこいだ。もちろん、忘れてはならない台湾最大のエンターテイメント、夜市もある。しかも板橋の湳雅夜市《ナンヤーイエスー》は大きい。夜市によっては雑貨や服を扱う店が多く、飲食店がそれほどない場合もあるのだが、湳雅夜市は飲食店がほとんどで、しかも行列店がたくさんある充実の本格グルメ夜市だ。

まず目に飛び込んできたのは古びた「蚵仔之家《オアズジャー》」という看板。大きな店だが、店頭に人が溢れていて、かなりの人気店だとわかる。大きな丸い鉄板で蚵仔煎《オアジエン》を焼いているので蚵仔煎専門店かと思ったら、どうやら牡蠣の専門店らしい。

広々とした店内は老若男女で賑わっていて、席を見つけるのにひと苦労。長い机に相席で座る。周りを見回すと、蚵仔煎だけでなく、牡蠣入りスープ、牡蠣の揚げ物など、頼んでいるものはみなバラバラ。困ったな、何を頼もう？　目の前に座った若いカップルに「この店の一番人気はなんですか？」と聞くと、「蚵仔煎だよ」との回答を得てホッとする。目移りするけれど、夜市は一店一品が基本。ここは蚵仔煎に絞る

板橋の湳雅夜市は、台北中心部の夜市に負けない賑わい

しかない。

　蚵仔煎はどの夜市にもある牡蠣入りの卵焼き、オムレツ風。台湾小吃のなかでも確実に人気トップ10に入る。牡蠣は日本で見かけるものよりも小粒だが、プリプリして美味しい。大きな丸い鉄板に牡蠣、水溶き片栗粉、割り卵を順番に入れて焼き色を付ける。

　上にかかるソースは店によって違う。この店はピンク色のとろみの強いソースがかかっている。甘めなので、テーブルにある辛いソースを少しだけ添えてみる。卵の黄色、ソースのピンク、唐辛子の赤がなんとも可愛らしい。でも、見た目とは違って味はかなりパワフルだ。牡蠣は新鮮で風味が強く、卵はフワフワ、そして水溶き片栗粉の弾力もまたたまらない。野球ボール大の牡蠣の揚げ物「蚵仔酥《オアスー》」や牡蠣の揚げ餃子「蚵仔餃《オアジャオ》」も気になるところだ。一店一品のルールを破りたくなるのをこらえて、目の前の蚵仔煎を味わった。

板橋の夜市、わずか90円で感動のスイカジュース　夜型

脂っこいものを食べると、サッパリしたものが食べたくなる。この繰り返しが台湾食べ歩きの極意である。甘いもの、冷たいものを探しながら歩いていると、威勢のいいおばちゃんがピンクの液体を量産しているのが見えた。看板には「西瓜原汁《シーグアユエンズー》」とある。おばちゃんの「スイカジュースだよ！」という大きな声につられて近寄ると、すかさず「何杯？」と聞かれる。実はスイカはそれほど好物でもない。日本のスイカは、甘い場合とそうでもない場合との当たり外れがあるし、水っぽくてお腹を冷やす。でも、台湾のスイカはほぼ100パーセント甘い。それなのに、台湾にいるとつい台湾独特のマンゴーやライチといったフルーツを選んでしまうので、スイカは後回しになる。

鮮烈なピンク色に惹《ひ》かれて1杯注文してみる。おばちゃんは大きなビニールのカッ

プになみなみとジュースをついだ。「小サイズはないの?」と聞くと、700㎖で25元(約90円)だという。ワンサイズのみだが、安い！　コンビニのミネラルウォーターだってそこまで安くない。

スイカの原汁というだけあって、原材料はスイカのみ。砂糖は使っていないという。あまり期待せずにひと口吸い上げると、想定外の甘味が口の中に広がった。口中真夏。思わず「甘〜い！」と叫ぶと、おばちゃんがドヤ顔で「ほらね」と言う。

もうそろそろスイカのシーズンが終わるため、一番甘いスイカは手に入らず、ミニサイズのスイカを使っているそうだが、十分な甘味だ。まるで実際にスイカを食べているような濃厚なスイカの風味。スイカって、こんなに美味しかったっけ?

スイカジュースは9月末で終了してしまうようだが、冬場はスイカに代わってイチゴジュースを売るのだとか。それはそれでまた楽しみ。700㎖のビニールカップは、次の店にたどり着くまでに空っぽになってしまった。

路地裏に行列！　テント屋台の臭豆腐　夜型

板橋最強だろうと思われた懐念臭豆腐に負けない、強敵が現れた。

滴雅夜市の一角にある暗い路地に、尋常でない行列ができている。シンプルな看板には「好味道臭豆腐《ハオウエイダオツオウドウフ》」とある。この行列から判断して、味は確かなのだろうが、店構えがとにかく変わっている。臭豆腐を揚げる屋台のすぐ隣に、車庫用の黒いパイプテントがあるのだ。

パイプテントとは、車が1台駐車できるくらいの大きさの車庫で、骨組みとなるパイプとビニールテントで構成されている。即席車庫とでも言うのだろうか。黒いパイプテントがふたつ。信じられないことに、テントの中に四角いテーブルが4卓とプラスチックの丸椅子が並べられている。テント内の天井は150センチほどしかないので、普通の大人ならば立てない高さ。臭豆腐をイートインする客は順番に並び、席が空いたら身をかがめてこのテント内に進む。もちろん、テーブルとテーブルの間にはほとんど隙間がなく、座れば後ろの人の肩が当たるような距離感だ。

夜、テント内は暗い。だから、裸電球がふたつ、天井からぶら下がっていて眩《まぶ》しいほど。異様、いや間抜けな光景である。インパクトが強すぎて、臭豆腐の味よりもこの飲食のシチュエーションに唖然《あぜん》としてしまったが、行列店だけあって臭豆腐は旨い。カリカリの揚げ方にもこだわりがあるらしく、白菜漬けは薄味だが、辛いソースと和

行列店「好味道臭豆腐」、なかなか空席ができないテント屋台

えると絶妙なバランスである。

漢方とゴマ油が香る鶏煮込み　夜型

宿泊した板橋のホテルで「夜市でマストな食べ物は何ですか？」と聞くと、フロントのイケメン君が「麻油雞《マーヨウジー》」と即答してくれた。若いのに「麻油雞」が好きなのか、それとも、この夜市の麻油雞がそんなに旨いのか。

　麻油雞とは、たっぷりのゴマ油と焼酎で鶏肉を煮込んだ料理で、台湾屋台料理のなかでは最難関と言える代物である。私は、台湾で暮らし始めた最初の2年くらいは、麻油雞が食べられなかった。焼酎をたくさん入れるので酒の匂いがきつく、漢方薬の香りもプンプン。でも、結婚して妊娠すると、台湾人の

滴雅夜市でダントツの人気店、「王家麻油雞」の漢方鶏煮込み

姑《しゅうとめ》に「栄養たっぷりだから」と麻油雞をしこたま食べさせられた。食べ慣れると、不思議と悪くないと思える。麻油雞は妊婦さんや産婦さんのための栄養補給に最適とされる食べ物だが、そうでなくても滋養強壮効果が高いので、冬場は人気を集める料理だ。日本人は寒くなってくると、おでんだ、シチューだというけれど、台湾ならば麻油雞、ということになる。

　滴雅夜市の人気店は「王家《ワンジャー》麻油雞」。こちらもすごい行列なので、ひと目でわかる。この店のメニューはふたつ。麻油雞のスープと麺線（極細麺）である。油の浮いた茶色いスープの中に骨付きの鶏肉がゴロンと入っている。とにかく熱くて、なかなか冷めないので猫舌なら要注意。

この店の麻油雞は、思ったほど酒の匂いがきつくない。スープをひと口すってみると、濃厚な甘味が広がった。ゴマ油の風味と漢方薬の香り。でも、嫌ではない。鶏肉の出汁《だし》から来る甘味で酒や漢方薬のとがった匂いが緩和されているのだろうか。身体がぽかぽかしてくる。真冬よりも秋や冬に入りたての、気温がぐっと下がる日にコンビニのおでんが売れるように、台湾の人たちも、気温が下がり始める初秋に麻油雞を食べたくなるのかもしれない。

食べたら乗るな！　甘く危険な鴨鍋　夜型　廟前・酒あり

板橋には慈恵宮と並んで人気の廟がもうひとつある。府中駅からやや離れた場所にある接雲寺《ジェユンスー》だ。湳雅夜市の入口から近いので、訪れる人も多い。だが、賑やかな黄石市場前にあってひっきりなしに人が出入りする庶民的な慈恵宮と比べると、こちらはやや厳粛な雰囲気が漂う。中には観音様が祀られているようだ。

昼間にこの廟を訪れた際、大きな店のシャッターが開くのを見かけた。「林家帝《リンジャーディー》王薑母鴨《ワンジャンムーヤー》」という鴨鍋専門店で、夕方から深夜までの営業だという。夜市をひと通り冷やかして鍋料理店に戻ってみると、なんとほぼ満席。午後の9時を回り、どのテーブルも宴たけなわといった雰囲気だ。

薑母鴨も麻油雞と同じく冬の代表料理であり、特に仕事仲間、友人、家族など、5、6人で鍋を囲み、酒を飲みたいときにぴったりなのだ。でも、酒を注文しなくても、鍋だけで十分酔える。

ここの鍋はなんと台湾米酒（焼酎）600㎖が丸ごと1本入っている。さらに名前にも「薑」とあるように、生姜がたっぷり入っていて、酒と生姜のダブルパンチ。とても強烈だが身体が温まることは間違いない冬の鍋である。

標準セットは350元で、基本の鴨肉やキャベツなどが入っている。これに鴨の血の煮凝《にこご》り、豆腐、青菜などを加えたければ、1人前30〜50元でプラスできる。運ばれてきた鍋を丸テーブルの中央に置いて火にかける。グツグツ煮立ち、そろそろかな、とスープをすすると……！　これはすごい。強烈な焼酎の香りに思わずむせる。まるで生姜漬け焼酎を熱燗《あつかん》で飲んでいるようだ。実は注文するときに「米酒は1本入れてもいいですか？　半分にしますか？」と聞かれたのだが、ほとんどの客は1本入れるということだったので、私も1本にしてもらったのだ。こんなことなら、半分にしておけばよかった……。

半分にしてオーダーする客もそれほど珍しくはないそうだ。酒が飲めない人や、車で来ている客などには、丸ごと1本は強すぎる。以前、飲酒運転で逮捕されたドライバーが「酒は飲んでいない」と否定し続けたのだが、実はこの薑母鴨を食べた後だったという一件があった。それほど強いアルコール反応が出てしまうのだから、酒に弱い人は簡単に酔っ払ってしまう。

しかし、最初は食べるのに時間がかかったのだが、一定の時間を過ぎると薑母鴨は格段に食べやすくなることがわかった。グツグツし始めてから30分くらい経過すると、鴨肉は柔らかくなり、キャベツはクタクタになる。そして、鍋底のアルコールが飛び、酒の匂いよりもスープの甘味が勝ってくるのだ。こうなると、薑母鴨は実に味わい深い鍋料理となる。もっとたくさん具を入れれば、さらに複雑で甘味の強い鍋になる。急いで食べようとせず、のんびりビールでも飲みながら、薑母鴨のアルコールが旨味に変わるのをじっくり待つのが正しい。

おやじたちが黙々と食べる、幸せの朝市ワンタン　朝・昼型

翌朝、私は再び黄石市場《ホアンスースーチャン》へと足を運んでみた。午前中と午後では、市場の雰囲気はまったく異なる。早朝は、服や雑貨を扱う店はシャッターを下ろしているが、逆に生鮮食品の集まっている建物は元気いっぱいだ。みずみずしい野菜、さばかれたばかりの豚や鶏の肉。威勢のいい台湾語が飛び交う地元の台所。近所の人がひっきりなしにバイクで乗り付け、その日の食材を買いに来る。

そんな賑やかの市場の一角に、黙々と食事をする人たちのいる店がある。ワンタンの朝ご飯屋さん「老曹餛飩《ラオツアオホウントウン》」だ。それほど大きくない市場のなかで、かなりのスペースを占めていることから、人気店であることは明白。高齢のひとり客が多く、注文を取る声が聞こえる以外は、わりと静かな店だ。ワンタンの具である豚肉にこだわりがあるらしい。私はワンタン（小）と乾麵《ガンミエン》を注文してみた。周りのひとり客のほとんどが、この組み合わせを食べていたからだ。乾麵とは乾燥した麵というわけではなく、汁のない麵、という意味。これに対してスープありの麵は湯麵《タンミエン》と呼ぶ。

朝のワンタンスープというのは、なぜこんなに人を幸せにするのだろう。あっさりとした醬油ベースのスープにセロリの香りがふわりと漂う。ワンタンスープには必ず

朝の黄石市場の人気店、「老曹餛飩」のワンタン

刻みセロリが入っている。それが淡白なスープのアクセントになるのだ。こだわりの豚肉だけあって、鮮度がよいのか、甘味が強く、香りもいい。この店は生ワンタンだけを10個単位で販売している。台湾で暮らしていた頃は、こうした有名店の生ワンタンや餃子などを購入し、自宅でスープにして食べたものである。

この店の乾麺も朝食にはぴったりだ。真っ白な細麺に刻みネギが載っているだけのシンプルな麺。だが、まだ熱いうちに麺をほぐしてみると、器の底に汁がたまっているのがわかる。肉汁のような茶色い汁で、これを麺によ〜く絡めて食べると、麺にほんのり茶色い色が付き、濃すぎず、薄すぎず、ちょうどよい塩加減になる。

豆好きにはたまらない、美女の豆漿店　朝型

夜市や朝市は営業時間がそれほど長くない。朝市なら早朝7時頃から昼過ぎまでだし、夜市は夕方5時から夜中まで。互いに時間帯がかぶらないので、午前中は朝市をやっているところが、夕方からは夜市になっている……なんてこともある。

前の晩に臭豆腐を食べたこの辺り。今朝はすっかり様子が変わり、道端には野菜や魚を売る露店が広がっているので驚いた。府中路をまたぐようにして南北に延びる福《フー》徳街《ダージェ》。こちらも賑やかな朝市だ。高い建物はなく、道の両脇にずらりと露店が並んでいるのだが、魚介類、精肉、野菜などから、煮込みスープ、滷味《ルーウェイ》（豚肉や野菜の醤油煮込み）、乾物などジャンルが豊富である。イヤフォンマイクを付けて実演販売をするお兄さんもいれば、手作りのチマキをカートで売り歩くおばあちゃんもいる。

そんな市場の路地裏を歩いていると、「黒豆漿《ヘイドウジャン》」と書かれた看板が目に入った。オープン間もないのだろうか、内装を変えたのだろうか？　店内も入口もピカピカだが、看板だけは少し古いようだ。

ビールも、ホッピーも黒が好き。そんな女子はけっこういるはず。ゴマがいい例だが、黒いほうが甘くてコクがある。豆漿も同じで、黒豆で作った豆漿は甘味が強く、風味豊かなのだ。私は迷わず新装開店したらしい「北港黒豆漿《ベイガンヘイドウジャン》」に足を踏み入れた。温かい塩味の黒豆漿と豆パンを注文してみる。豆パンはメニューにないのだが、店頭のガラスケースに並んだ様子が美味しそうだったので、思わず指をさした。金時豆や黒豆など色々な種類の豆が、コッペパンくらいの大きさのパンにゴツゴツ入っている。パンはこんがりと焼き色がついていて、上にゴマがまぶしてある。歯ごたえがありそうだ。

豆漿と豆パンを受け取り、支払いをしようとして顔を上げてハッとしてしまった。レジに立っている女性があまりに美しい。私が驚いたので、彼女もちょっとびっくりしたようだった。私は一瞬、言葉に詰まり「すみません、あまりに美人なので、驚きました」と素直に口にしてみた。すると、言われ慣れているのだろうか、優しく笑って「ありがとう」という返事。つぶらな瞳、長いまつげ、色白で整った輪郭。三十路《みそじ》だろうか。私が男ならこの店の常連になりそうである。こういうのを鄙《ひな》には、いや板橋には稀《まれ》なというのだろう。

美人店員に一瞬心を奪われつつ、気を取り直して豆漿である。黒豆漿は予想通りコクがあり、白い豆漿よりもまろやかで食べやすい。でも、もっと驚いたのは豆パンである。この店のオリジナルらしく、他ではあまり見かけたことがない。パン自体は少しパサパサしているのだが、硬めの食感が好きな私好みだ。ほどよい甘味に煮込まれた金時豆や黒豆がふんだんに詰め込まれている。豆も柔らかすぎず、硬すぎずがちょうどいい。豆好きにはたまらない。

コラム⑥ 板橋に泊まって、じっくり食べ歩く

昨今は台北を訪れるたび、宿を探して「高い！」と唸る。中国本土からの観光客も激増し、市内のホテルはいつも満室だ。安価なゲストハウスは選択肢のひとつだが、相部屋というわずらわしさもある。ここはいっそ郊外に目を向けてみたい。板橋や三重なら、台北駅までMRTでたったの15分なのだから。

かつて台鐵の板橋駅があり、今はMRT府中駅となっているエリアは、廟あり、朝市あり、夜市ありと、板橋の楽しさが凝縮された賑やかなエリアだ。その府中駅から3分の好立地にある「萊恩精品旅館《ライアンジンピンリューグアン》」（LION HOTEL）は、清潔感のある部屋が好印象で、価格も台北市内より安い。

生粋の板橋っ子で日本語の達者なスタッフの荘文真《ズアンウエンジエン》さんに付近を案内してもらった。荘さんは府中駅に近い板橋小学校の出身。両親が共働きで忙しかったため、廟前の黄石市場で朝食を食べ、昼食用の弁当を買って登校したという。

市場のそばには、老舗の漢方薬局「一古《イーグー》

慈恵宮を通り過ぎ、最初の通りを左折したところ

堂《タン》」がある。ドリンクスタンドの美味しい漢方茶は熱中症予防になり抗酸化作用もある、食べ歩きの友だ。

そして府中駅には、腹ごなしの散歩に最適な散歩コースがある。「**林本源園邸《リンベンユエンユエンディ》（林家《リンジャー》花園《ホアユエン》）**」という中華式の屋敷と庭園だ。林家は1700年代に板橋に居を構え、米や塩などの商いで成功し富を築いた、いわば板橋の大地主である。

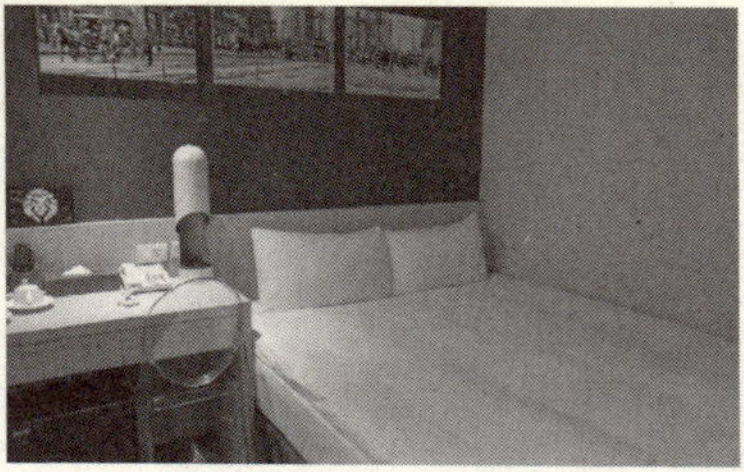
コンパクトで清潔感のある部屋。アメニティも充実

その富で建てられた林家花園には、母屋をはじめ執務室や図書室など、大小さまざまな建物が点在しており、お堀もあれば池もある。いずれも遊び心のある贅を尽くした造りで、見ていて飽きない。今は旅行客向けに開放されており、1時間もあれば十分に堪能できる。

荘さんが小学生だった70年代、林家花園には林一家が住んでおり、荘さんは林家の孫娘と同級生だった。そのよしみで、よく林家へ遊びに行ったそうだが、孫娘は子供部屋ではなく、子供用の屋敷を丸ごと1棟与えられていた。

また、祖父の誕生日ともなれば、池に突き出した舞台で芸術家に歌や踊りを披露させたという。荘さんがお気に入りだったのは孔《く》雀《じゃく》の檻《おり》。林家では巨大な檻のなかに孔雀を何羽も飼っていたというのだから、ずいぶんスケールの大きな富豪である。

第４章

台北駅から地下鉄15分の
グルメタウン②

三　重

三重——板橋に負けない大衆美食街

台北の西、もうひとつのベッドタウン

淡水河を挟んで、大都会のベッドタウンとなっているのは板橋だけではない。板橋は台北市から見て南西に位置するが、真西には三重《サンチョン》がある。

台北で暮らしていた頃は、台北市内を探索するのに忙しく、淡水河の向こうまでは頭が回らなかったので、板橋と同様、足を踏み入れたことがないエリアだった。でも、台北には三重、板橋の出身者が案外多い。

三重とはどんなところなのか？　台北との距離感は板橋と変わらないが、大きな違いがひとつある。板橋にはあって、三重にはないもの。それは鉄道だ。板橋は台鐵では台北のひとつ前の駅に当たり、上京者が居を構える場所だと書いた。板橋が鉄道で栄えた町なら、三重は車で栄えた町だと、三重の人は口を揃えて言う。三重には確かに鉄道の駅はないが、高速道路が何本も交わっていて、車で移動するならとても便利な立地である。このため、戦後の高度成長期には大型トラックや物流の車が多く出入

りするようになり、工業都市として成長したのだ。

　もうひとつ、三重はかつて黒道《ヘイダオ》、つまり台湾ヤクザの縄張りだったことでも知られる。台北市内でも、艋舺などはかつて黒道の町として有名だったが、三重は気性の荒い本土（本省人）系の黒道が幅を利かせていたそうだ。そのせいだろうか、同じ台北郊外でも板橋はのんびりした雰囲気があるのに対し、三重のたたずまいには、なんともいえない色気がある。

MRTの分岐点辺り

台北の市街地から北へ向かうMRT中和新蘆線《ジョンハーシンリューシエン》に乗ると、大橋頭《ダーチャオトウ》駅を過ぎたところで路線がふたつに分かれる。大橋頭駅は台北市内の最後の駅で、この後、MRTは淡水河を越えて新北《シンベイ》市の三重区に入るのだが、見事にY字に分かれているので、終点を確かめて乗らないとまったく見当違いの場所に行き着いてしまう。私はそれが怖くて、何度も乗る電車の行き先を確かめた。

　でも、大橋頭駅の先で二股に分かれた先にある台北橋《タイペイチャオ》駅と三重國小《サンチョングオシャオ》駅は、分岐してすぐなので互いにそれほど離れていない。そして、このふたつの駅をつなぐようにして三重最大のグルメ通りや夜市があるので、どちらかの駅で降りて、もう片方まで歩いて行けばいい。例えば、台北橋で降りてずっと夜市を歩いて行くと、三重國小にたどり着く。またはその逆もありだ。

台北橋駅でMRTを降り、近くを歩いていたおじさんに「小吃が集まっているところはありませんか?」と聞くと、とても親切に2本の通りの名前を教えてくれた。文化路《ウエンホアルー》と中央北路《ジヨンヤンベイ》だ。この2本の通りこそが三重最大の三和夜市《サンハーイエスー》。文化路は飲食中心、中央北路は雑貨や服が中心となっている。さらにおじさんは、自分がひいきにしている豚足専門店も教えてくれた。「人それぞれ好みは違うけど、ぜひ食べてみてくれ」と言われたら、行くしかない。ヤクザの町だったのははるか昔のこと。三重って気さくで親切な人が多そうである。私はさっそく台北橋駅からそう遠くない、三重で一、二を争うという豚足店に足を運んだ。

5つ星の豚足飯「五燈奬」 朝・昼・夜型

三和夜市のグルメ通りである文化路と並行する大通り、正義北路《ジエンイーベイ》にある豚足・魯肉飯専門店「五燈奬《ウーデンジヤン》」。ここは「三重に行くたびに食べる」という台北人もいるほどの人気店。儲かりすぎて内装を一新し、他にも店舗を出しているほどなので、店内は清潔感があり、安心して食事を楽しめる。

看板の店名を見て、私は台湾のあるテレビ番組を思い出した。五燈獎というのは、5つのランプという意味で、5つ星とちょっと似ている。1960年代から始まり、数十年にわたって人気を博し、一世を風靡した素人のど自慢番組で、歌い終わったときに合計5つのランプが点灯すると合格となる。いくつランプが点灯するかを会場が見守る瞬間はスリリングで、司会者が「ひとつ、ふたつ、3つ、4つ、5つのランプがついた～！」と叫ぶと、わぁっと会場が沸く。このテレビ番組、実は日本人が発案し、台湾のテレビ局と組んで始めたというところもまた面白い。

なんとこの豚足店、オーナーの女性が、この〝五燈獎のど自慢〟の5つランプ保持者だったのだ。その栄光にちなんだ店名なだけに、豚足も5つランプが期待できる。

店内は広々としていて席も多い。入口にカウンターがあって、客はここにトレイを持って並ぶ。セルフサービス式である。豚足とひと口に言っても通常は3種類あって、それぞれ特徴がある。女性に人気なのは蹄《ひづめ》に近い部分。この店では「腳蹄《ジャオティー》」と呼ばれていて、脂分が少なく、そのぶん歯ごたえのあるコラーゲンがたっぷり含まれる。

油っこくないので食べやすい。一方、脂身と肉がたっぷり含まれ、食べごたえのある部位は「蹄膀《ティーパン》」。後ろ足の太ももの部分である。

そして、この店の一番人気は「中段《ジョンドアン》」と呼ばれる部位。太ももと蹄の間の部分で、皮、筋、肉すべてが含まれており、歯ごたえ、香り、食べごたえともに申し分ない。

私はいつも豚足店に行くと「どの部位がコラーゲンだっけ？」と迷ううちに自分の順番が回ってきてしまい、うまくオーダーできなかったりするので、この日も部位を指定せずに注文したら中段が出てきた。あとから、「うっ、コラーゲンは『腳蹄』だったか……」と後悔しても遅い。私の後ろに並んでいた相撲取りのようなお兄さんは、脂身たっぷりの「蹄膀」を注文したようで、おばちゃんが後ろのほうから、ひときわ大きな肉の塊を取り出してぶつ切りにしていた。肉も客も迫力である。

紫色のテーマカラーで統一された店内の一角に陣取る。1人前100元（約370円）はかなり量が多いので、ひとりで完食するのは大変そうだ。食べ盛りの男性ならきっと問題ないが、女性ならふたりでひと皿くらいが適量。あとは、青菜の炒めものやスープなどと合わせてバランスよく食べたい。

中段部位の豚足は、脂身と肉がほどよく混ざり合っていて、口に入れると甘味の強

三重「五燈獎」の豚足の人気部位、中段（太ももと蹄の間の肉）

い脂の風味が広がる。しっかりと濃い味付けで、パンチがあって美味しい！　それでいて、不思議とギトギトはしていないので、たくさん食べられそうだ。コラーゲンたっぷりの脚蹄だったら、一人前をいけるかもしれない……。

失敗したのが、ご飯を白米にしなかったこと。五燈獎は魯肉飯も人気メニューのひとつだったので、つい注文してしまったが、豚足と魯肉飯というのは少々くどい。真っ白いホカホカのご飯に豚足、というのが理想的な組み合わせだろう。

それにしても見事な豚足だ。文句なしの5つランプ。

軒下の米粉とイカの餡かけスープ

朝・昼・夜型

人だかり

日本で一般に「イカ」と呼ばれる海鮮は、台湾では細かく名前が分かれている。イカの干物もイカの塩辛も好きだが、私が普段日本で食べているのはスルメイカやヤリイカが多い。台湾では魷魚《ヨウユー》と呼ばれるものだ。一方、花枝《ホアズー》と呼ばれるイカも台湾ではよく見かける。こちらはコウイカ。見た目が三角形の魷魚と比べると、花枝は丸くて肉厚である。

三重にこの花枝を使った名物料理がある。交通量の多い正義北路の路地。軒下にいくつものテーブルを並べた人気店「朱記花枝焿炒米粉《ジユージーホアズーゲンツアオミーフエン》」だ。路地にはこの店の花枝《ホアズー》焿《ゲン》（コウイカのすり身餡かけスープ）を待つ客たちが溢れている。

並んだテーブルの先に、屋台カートがある。ねじりハチマキに、同じ色のタオルを首からさげたおじさんが、ひっきりなしに何かしゃべっている。おじさんは頭のてっぺんがちょっと寂しくなってきてはいるが、優しそうな顔をしていて、よく見るとなかなか男前である。オタマを持つ手を忙しそうに動かしながら、「スープ3つ、辛いの入れる?」「持ち帰りのお客さん、スープ3つね」「米粉ふたつ、スープふたつ、できたよ」などと、注文を繰り返しているのだ。他にも店員はいるけれど、とにかくこ

行列が絶えない「朱記花枝焿炒米粉」、中央のハチマキ姿が主人

「朱記花枝焿炒米粉」、コウイカのすり身餡かけスープ

のおじさんがひとりで動いている印象を受ける。

魷魚という種類のイカは火を通すと赤っぽくなるが、花枝は白いままだ。それに、花枝のほうが肉厚で、歯ごたえが柔らかい。魷魚のように皮がプリッとした食感はなく、ぎゅうっと歯が肉に吸い込まれていく感じがいい。花枝はすり身になっている部分と、そのままカットして入っている部分がある。いずれもしっかりと歯ごたえが残っていて、すり身のいびつな形もまた愛嬌がある。とろみがついた濃厚なスープからイカの香りがふわっと漂う。なんとも言えない甘味があり、上品なスープだ。

この店は創業40年の老舗だというが、メニューは昔も今もふたつだけ。花枝焿と米《ミー》粉炒《フエンツァオ》(焼きビーフン)だ。米粉は見た目がとってもシンプル。普通、米粉炒は、ほんの少し肉や野菜が入っていたり、ソースがかかっていたりするのだが、この店の米粉は透明感のある白い麺にもやしが少し入っているだけ。米粉は柔らかすぎず、ちょうどいい歯ごたえ。そして、強いエビの香りが特徴だ。少しパサつきがあるくらいの麺が花枝スープにマッチしてちょうどいい。

相席になったのは若い母親と小学生くらいのふたりの女の子だった。3人は近所に住んでいて、ときどきこの店の花枝スープと米粉を食べに来るという。私が日本から来たと伝えると、お姉ちゃんのほうが日本語で「美味しい！」と言って、米粉を指さした。こんなに小さい子でも日本語を知っているんだな、と感心してしまう。すると母親が、今年九州に遊びにいったのだと教えてくれた。

　母親は台北市内の出身だそうだ。「三重ってヤクザが多かったってホントですか」と小声で尋ねると「ああ、昔はね」と笑った。台北市内から三重に嫁ぐことに抵抗がなかったわけではないようだ。でも遠い地方都市というわけではなく、橋を越えればすぐ台北という距離なので、慣れるのも早かったという。「気軽に台北に行けるしね。買い物なんかは、やっぱり台北がいいわよ」と彼女は笑っていた。ふたりの娘と路地の屋台で米粉を食べる姿は、幸せなお母さんそのものだ。

三重一番のパパイヤミルク　朝・昼・夜型

　夜市エリアから少し離れて、三重の目抜き通りである重新路《チョンシンルー》を歩いた。片側三車線の大きなバス通りだ。埃《ほこり》っぽい道路の両脇に銀行や大型量販店などが続いている。この大通り沿いに、先ほど花枝スープの店で相席した女の子が薦めるパパイヤミルクの店「三重《サンチョン》 牛乳大王《ニョウルーダーワン》」がある。食後のおやつにちょうどいい。

ここは、三重の誰もが認める一番美味しいパパイヤミルク店なのだという。ドリンクスタンドではなく、かなり大きな店舗でテーブル席もある。歩き疲れたら、涼を取りながら休憩するにはちょうどいい。私は店の一番人気の木瓜牛奶《ムーグアニョウナイ》(パパイヤミルク)と、大好きな緑豆沙牛奶《リュウドウサーニョウナイ》(緑豆シェイク)を注文した。

パパイヤをそのまま食べる機会というのは、日本ではあまりないように思う。少なくとも私は数えるほどしか食べたことがない。子供の頃、父が「珍しいものがある」と言ってオレンジ色のいびつな形をした大きなフルーツを持って帰ってきた。ふたつに切ると、中の種が小さなビー玉みたいできれいだったが、強烈な匂いとねっとりとした食感が好きになれず、ひと口でギブアップした。

でも、台湾のパパイヤミルクはパパイヤ独特の臭みを残しつつ、それをまろやかなミルクの風味で上手に包み込んでいるため、クセになるという人は多い。1杯60元という値段は、屋台の麵や魯肉飯が20~30元で食べられることを考えると、けっして安くはないのだが、夏の涼味としては優秀な栄養ドリンクである。

緑豆《リユウドウ》は、こうしたドリンク店でよくお目にかかる定番シェイク。名前の通り、小さな緑色の豆。台湾ではこれを甘く煮詰めたものがかき氷のトッピングになったり、温かい緑豆湯《リュウドウタン》（おしるこ）になったりする。緑豆シェイクはパパイヤミルクよりももったりとした食感なのだが、甘さ控えめで、とても優しい豆の香りがする。男性にも人気のあるドリンクだ。緑豆は漢方医学では身体を冷やす食材だと言われている。夏場は熱中症予防に効果的、かつ解毒作用もあるとされる。

三和夜市、肉入り白玉団子とワンタン　夜型

知り合いの台湾人に「お薦めの夜市はどこ？」と聞いたところ、彼女の答えは「近所の夜市です」だった。彼女いわく、台湾人は夜市をあまり特別な場所だとは思っていないのだそうだ。夜市でつまみ食いをするなんて、学校帰りにファストフードに寄ったり、会社帰りに居酒屋で一杯やったりするよりも日常的なことなのだ。だから、観光客に「どこがお薦め？」と言われると、困ってしまうという。どの夜市にも、美味しい屋台はたくさんあるし、自分の慣れ親しんだ夜市こそが一番なのだそうだ。

そういう意味では、三重の三和夜市は、とてもよい夜市ではないかと思う。台北の人はわざわざ三重の夜市へ足を運ばないので、三和夜市は三重区民のものだ。飲食屋台の集まる文化路と、雑貨や服の集まる中央北路があって、とても活気がある。台北

の目と鼻の先だというのに、かなりのアウェイ感があるのが不思議だ。建物が低く、見渡しても近くに高層ビルがないからだろうか？　それとも、行き交う人たちの服装がやけにリラックスしているからなのか？　子供が夜市の真ん中の通路で、フックの付いた糸を垂らしてエビ釣りに興じているからだろうか。三和夜市には、他にも増して気取らない日常があるように思える。

　そんな三和夜市のちょうど中央辺りに、行列のできている屋台がある。看板には「鮮肉湯圓《シエンロウタンユエン》」とある。湯圓は私の大好物の台湾料理のひとつ。豆漿に、甘い味付けとしょっぱい味付けの2通りがあるように、湯圓も「甘い」「しょっぱい」の選択ができる料理だ。湯圓は日本の白玉団子にもっとも近い。だが、中に具が入っている。甘いバージョンの湯圓は、中にゴマ餡やピーナッツが入っていて、甘い煮汁や酒粕スープのなかに入れて食べる。冬至の食べ物と決まっているのだが、私は冬至以外のときでも食べていた。一方で、しょっぱいバージョンの湯圓は、中にひき肉や野菜など、餃子の餡のようなものが入っている。これはあっさりした塩味のスープに入れて食べる。朝ご飯にも最高だけど、夜食でもイケる万能スープである。

　この「阿文餛飩湯圓《アーウエンホウントウンタンユエン》」という屋台は湯圓スープがウリなのかと思ったら、ワンタンも人気のようだ。なんと、湯圓とワンタンをひとつの碗で出す綜合（ミックス）が一番人気だという。湯圓とワンタンの組み合わせは初めてだが、屋台のカウンターでいただくことにした。

湯圓は外の皮がしっかりとした歯ごたえがあり、モチモチしてたまらない。具の豚肉にしっかり味が付いていて、あっさりしたスープとよく合う。一方、ワンタンは湯圓よりも薄めの味付け。このふたつの具が、バランスよく一碗に収まっている。湯圓の皮はもち米でできているので、かなりお腹にたまる。これは満足の一品だ。素朴だけど、三重の人たちに愛され続ける、変わらない味なのだろう。

具がたっぷりの肉圓　夜型

三和夜市では何を食べたらいい？　と聞くと、多くの人が「萬粒肉圓《ワンリーバーワン》」だと答える。夜市にある店なのだが、昼過ぎから営業していて、午後9時という、夜市にしてはちょっと半端な時間に店じまいをする不思議な店だ。カウンター席だけの狭い店内は清潔感がある。

板橋の章で肉圓にも色々あると書いたが、萬粒肉圓のそれは大きくて、揚げたてが

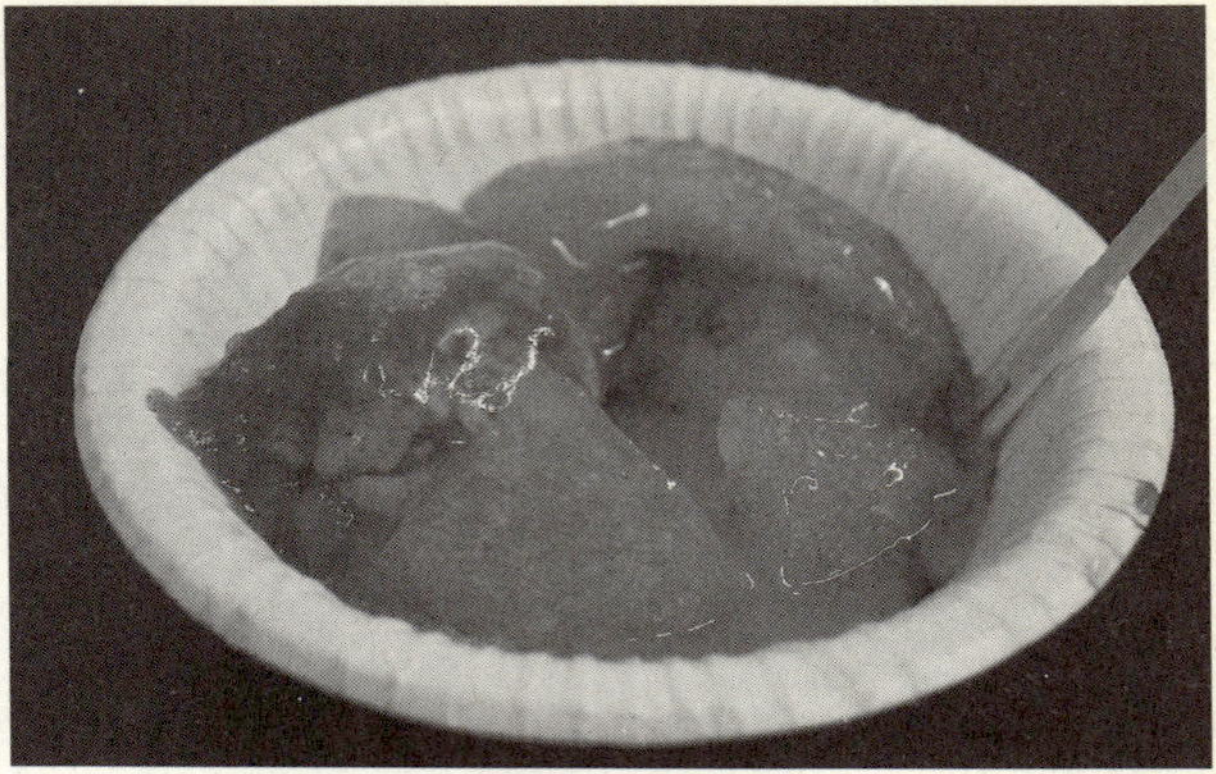

中の具が透けて見える、「萬粒肉圓」の豚肉入り団子

美味しい。これがなんと30元（約110円）。板橋の肉圓は45元だった。台北市内ならば50〜60元が相場だろう。店内には「1999年の創業以来、値上げをしていません。原価が高騰するなか、お客様の負担を考えると値上げができず、そのため店内をセルフサービスにさせていただいております」という丁寧な貼り紙がされている。そうだろうな、大変だろうな。そう思うと、できるだけ食後のテーブルをきれいに片付けて、お店の人の仕事を減らそう、なんて思ってしまう。

30元の肉圓は、その大きさも、具の充実感も期待を超えるものだった。外の皮はきれいな透明で、中の具が透けて見える。もっちりとした皮を割ってみると、中からツルンとこぼれ落ちる具。肉もタケノコも大粒で食べごたえがある。タレは甘め。辛いのが好きな人は卓上の調味料を加える。この店は貢丸湯《ゴンワンタン》（肉団子スープ）も人気なのだが、こちらはさらに安い20元。三和夜市の人気店、本当にがんばっている。

マイベスト魯肉飯との出合い　朝・昼・夜型　廟前

夜市から離れて、さらにお目当てのグルメを探すべく、路地裏を歩いていると、自宅の前で宴会をしている家族がいた。家族というより、親戚《しんせき》一同が集まったような人数だ。折りたたみ式の簡易テーブルとプラスチックの椅子を並べて玄関前に集まり、肉を焼いている。テーブルの上には焼き上がった肉や腸詰め、そしてビール。そういえば、今夜は中秋の名月だ。中秋節は台湾では春節（正月）の次に大きなイベントで、帰省して月を眺めながら外で焼き肉をするのが風習となっている。

この日は週末ということもあって、あちこちの家から焼いた肉の香りが漂っていた。私が家の前を通りかかり、物ほしそうに見ていると、外国人だとわかったのか「一本食べるか？」と焼き上がった腸詰めを差し出してくれた。もちろん、台湾らしく生ニンニクのスライスも添えて。

お酒も入っていて、みんな楽しそうだ。三重の人たちは陽気で気さくで、外国人や部外者を受け入れる大らかさがある気がする。腸詰めをくれた軒下バーベキュー会場では、10人ほどの大人や子供が玄関から出たり入ったりして、食材を運んだり、焼き上がった肉を取り分けたりしている。日本では、こんな住宅の密集した場所でバーベキューをやったら苦情が来るかも。でも、台湾の中秋節は、路地裏で煙をモクモクあげて肉を焼いたって、誰も文句を言わない。

いただいた腸詰めをかじりながら歩いていると、通り沿いに廟が見えた。それほど大きな廟ではないが、近所の人がお参りに来ているようだ。台湾には大小さまざまな廟がある。家の中に廟を作ってしまう人もいるし、市場の中やブランドショップの隣、ビルの屋上など、思いがけないところに廟が建つ。突然現れた小さな廟は、南聖宮《ナンシエンゴン》という。この廟の周りにも、何軒か食堂ができていて、「廟の周辺＝旨い飯」という構図が成り立っているようだ。

廟の斜め向かいに行列のできている店がある。三重最強の豚足飯は食べたが、こちらは三重最強の魯肉飯を出すという「今大魯肉飯《ジンダー》」だ。大きな青い看板を掲げた店は、どうやら人気のあまりスペースが足らず、隣の建物の1階にも店を拡張したようだ。

イートインもテイクアウトも一緒の列に並ぶらしい。カートの鍋の中には茶色いスープ。いかにもこってりとした豚肉らしきものがグツグツと煮込まれている。私の前に並んだおばちゃんが声をかけてきた。やっぱり三重人、人当たりがいいのか、おせっかいなのか？「どこから来たの？　私は地元なんだけど、この店の魯肉飯、最高なんだから。私はよく食べに来るの。今日は家族の分を買って帰るの。魯肉飯も人によって好みがあるでしょ？　私はこの店の魯肉飯が大好き。え？　日本から来たの？　日本には魯肉飯ある？　食べたことがないなら、食べてみなさい、ほんっと最高なんだから」と聞いてもいないのに、とりとめもなくおしゃべりを続ける三重のおばちゃん。憎めないなあ。台北から電車で15分移動しただけで、このローカル感だ。

おばちゃんに薦められるまま、看板メニューの魯肉飯とアサリ入りの排骨湯（豚骨スープ）、そして虱目魚《スームーユー》（サバヒー）の煮付けを頼んだ。サバヒーとは、英語でミルクフィッシュというくらい、見た目が真っ白で甘味の強い白身魚。台南名物として知られるが、さっぱりと粥やスープで食べることが多く、煮付けは珍しい。

この店の看板メニューの魯肉飯は、台北市内にまでその名を轟《とどろ》かすだけあって、さすがの迫力。まず、豚肉の粒がかなり大きい。たっぷりと食べごたえのある量が、

左から、「今大魯肉飯」のアサリ入り排骨湯、サバヒー煮付け、魯肉飯

硬めに炊かれたご飯に載っている。豚の脂身がとても上質で、舌に載せたとたんにふわっと溶けてしまう。これは旨い！　それでいて、甘すぎないので、いくらでも食べられてしまう。三重最強と言わず、これは台北エリア最強ではないだろうか。こんなに上品な豚の脂があるだろうか？

さらに私を唸らせたのは排骨湯だ。排骨湯は骨付き豚肉を煮込んだスープ。通常は、他の具材と一緒に煮込む。排骨と大根というのが基本の組み合わせだが、他にも排骨とシイタケ、排骨と苦瓜などがよく見られる。この店にも色々な組み合わせがあるのだが、私が選んだのは排骨とアサリのスープ。これがまた上品な味なのだ。豚骨スープとはいえ、あっさりとした口当たり。これにアサリの出汁が加わり、なんとも複雑な旨味を醸《かも》し出している。密かにニンニクも効いていて、これはどこのホテルのスープ？　というぐらいレベルが高い。これは参った。この店のシェフは、かつて「青葉《チンイエ》」という有名な台湾料理店の厨房に立っていたらしい。なるほど、この上品な味付けはそこで仕込まれたものなのか。

サバヒーの煮込みもまたすばらしい味だった。醬油でしっかりと煮込んであるにもかかわらず、サバヒー独特の香りと優しい旨味が残っている。サバヒー粥よりもインパクトがあり、それでいて、魯肉飯と衝突しない控えめな味である。

この日以来、三重の今大魯肉飯は、私の〝マイベスト魯肉飯〟の座に輝いている。

魯肉飯の姉妹店でシンプル麵を　朝・昼・夜型　廟前

今大魯肉飯の向かいに、同じように青く、どでかい看板を掲げる食堂がある。その名も「今大関係餐飲麵《ジンダーグアンシーツアンインミエン》」。つまり、今大魯肉飯の人気にあやかって身内がオープンした姉妹店であるが、魯肉飯に対してこちらは麵を扱っている。ライバル店ではなく身内の店だということが「関係」の文字からすぐにわかる。

「麺」と看板に大きく書かれているだけあって、種類は豊富だ。陽春麺《ヤンチュンミエン》（もっともシンプルな麺）、油《ヨウ》麺（油の入った麺）、豬油拌《ズーヨウバン》麺（油麺にさらにラードをかけたもの）、甜醬《テエンジャン》麺（甘辛ソース麺）など、いずれもいたってシンプルな麺で、その差も微妙。だが、どれも20元（約75円）という安さだ。店舗を構える飲食店で、この値段はすごい。屋台でも1碗25元がギリギリのところだろう。

この店は白黒切《ヘイバイチエ》と呼ばれる、豚の色々な部位を茹でてスライスした小皿料理も豊富だ。豚のタン、尾、皮、ハツ、バラ肉の薄切りなど、さまざまな風味と歯ごたえが楽しめる肉やモツが揃っている。

店頭で注文してみると、店番をしているのはいずれも若い女性たちだった。顔つきや言葉から、東南アジアからの季節労働者か、台湾に嫁いだ外国人女性たちだということがわかる。板橋や三重といった郊外では、フィリピン、ベトナム、インドネシアなどから花嫁として、または労働者として台湾にやってくる女性が多いようだ。家政婦や介護の手伝いとして仕事をしたり、こうして飲食店のヘルプに入ったりする。みんな働き者でテキパキとオーダーを処理するし、また働く姿が実に楽しそうだ。日本のコンビニなどでも外国籍の店員をよく見かける。みんな日本語が上手で、異国で一生懸命に働いているんだなあ、と感心するときがある。東南アジアの女性たちも、台湾人の目にはそんなふうに映るのだろうか。

今大関係餐飲麵の麵は、実に素朴な味がした。もっともシンプルな陽春麵を頼んだのだが、白い麵に青ネギともやし、それに鶏肉の薄切りが2枚、申しわけなさそうに載っているだけである。日本でいえば「かけそば」だろうか。碗に盛られた麵をほぐすと、下のほうに汁がたまっている。汁も透明だが、塩味が付いているので、これを麵とよく混ぜていただく。飾り気はないが、なんともいえないホッと落ち着く麵である。

白黒切の豚の尾も柔らかく、添えられた刻み生姜と甘辛い醬油ダレでいただくと、ビールが飲みたくなる。残念ながら白黒切の店には酒がないことが多く、この店も例外ではない。日本や韓国の左党なら怒り出すかもしれない。先ほどの魯肉飯とは住み分けがはっきりしていて、メニューはまったくかぶらない。魯肉飯の店はあっさりとしているが、周到に味付けされた極上品。一方、こちらの麵は、誰でも受け入れるオールマイティーで優しい美味しさ。「攻め」の気分ではなく、ようやく仕事が一段落して、ホッと優しい麵をすすりたい夜にちょうどいい。

コラム⑦

桃園空港前泊に便利な24時間営業の食堂

台湾への旅はLCCを利用するという人も多いだろう。魅力はとにかくその値段。時期によっては2万円台で成田―桃園（台湾最大の国際空港）を往復できる。だが、安価なだけに帰国便が早朝になることが多く、その場合、前日は空港付近に泊まったほうがラクだったりする。最近、台鐵桃園駅周辺には新しいホテルやリニューアルされたホテルが増え、駅前から空港まではタクシーで20分程度なので安心だ。

〝一食入魂〟の食べ歩き旅行。一泊するなら桃園でも美味しいものが食べたいので、地元民におすすめ店を教わった。

桃園市内でもっとも大きく、「大廟《ダーミャオ》」という愛称で親しまれている廟がある。正式には景福宮《ジンフーゴン》。なかなか立派な風貌で、境内には黄金の龍の像が鎮座している。

市の中心部に位置する廟の前には、やはり旨い店がある。「鴨肉榮《ヤーロウロン》」は、ありそうで意外となかった24時間営業。台湾食べ歩きでは、早朝から午前10時までしか営業していない食堂とか、夜9時に閉まってしまう酒場とか、営業時間に悩まされることも多いが、24時間営業とはありがたい。

しかも、この店には、酒が置いてある。まさに、〝酒は鴨肉・鵝鳥肉店にあり〟。鴨肉榮は屋台カートがある隣に広い飲食スペースがある。24時間営業だし、あとはホテルで眠って帰るだけだから、ここで美味しい旅の記憶を思い返しながら飲むのもいいだろう。

鴨肉スライスは1人前70元（約260円）という破格値。さすがは桃園、台北市内とは物価が違う。ちょっと甘めのタレが付いているが、そのまま食べてもジューシーで旨い。

鴨肉スライスの他に、鴨肉麺も人気のメニュー。鴨肉スライス、青野菜、麺といった組み合わせで、しっかり食べる常連が多いそうだ。

味噌鴨肉乾麺は、大きめの鴨肉スライスが3、4枚載っていて、甘辛の味噌ダレがかかっている。麺の下に沈んだ汁をしっかり混ぜていただく。甘い味噌味が食欲を刺激する。

鴨肉が大好きな私としては、台湾の大衆食堂で気軽に鴨肉を食べられることが本当に幸せだ。日本では、なかなかこうはいかない。

おかずにもつまみにもなる鴨肉スライス

通りの角を占拠するような「鴨肉榮」の店構え

第 5 章

台北からの日帰りグルメ①

淡水・北投

水の都、淡水

淡水名物、阿給の中から出てきたのは……

朝・昼型

1997年、台北市内に初めて開通した都市交通が、MRT淡水線である。台北郊外の街、淡水と台北とを40分弱でつなぐもので、アメリカの大学卒業後に一大決心をして台湾に渡った私は、淡水河が見える水辺のアパートを借りて、そこから台北市内の学校に通うつもりだった。でも当時、一緒に暮らしていた恋人、つまり元夫に「遠すぎる」と反対され、私の淡水移住計画はついに実現しなかった。

その後、MRTの開通とともに淡水への観光客が増え、どんどんオシャレになって、高層マンションが林立し、たちまち私の手の届かない高級ベッドタウンになってしまった。私は今でも叶わぬ夢、淡水での生活に淡い憧れを抱いている。

淡水には、1600年代初期にスペイン人によって建てられた紅毛城《ホンマオチエン》という城がある。今は古跡として観光スポットになっているのだが、かなり丁寧に建てられた城で、その敷地内だけが時代に取り残された欧州みたいになっている。紅毛城周辺には

淡水河の船着場から対岸の八里を望む

若者が好みそうなオシャレなカフェや食堂もあり、週末ともなれば、かなりの賑わいを見せている。

　では、淡水がモダンでカッコイイところばかりなのかというと、そうでもない。古くて垢抜けない一面もちゃんと残っている。その代表が「阿給《アーゲイ》」という淡水名物の小吃だ。MRT淡水駅からはやや遠いので、タクシーに乗ったほうがいいだろう。阿給の店は急坂の真ん中にあるので、暑い日には、たどり着くまでに汗だくになりそうだ。

　淡水名物の阿給の店は、肩を並べるようにして３軒もあるが、タクシーの運転手は「真ん中の『老牌《ラオパイ》阿給』が本物で、一番旨いよ、間違えないようにな」と言って降ろしてくれ

淡水名物「老牌阿給」の春雨入り油揚げ

た。その後も「真ん中のやつ、それだよ、そのバイクが前に停めてある店だ」と何度も念を押す。私は迷うことなく、運転手お薦めの老牌阿給のカウンターに並んだ。広々としているが殺風景な店で、ここにいると〝オシャレ淡水〟は少しも感じない。

さて、「阿給」とは何なのか？　北京語で「アゲィ」と読み、日本語の「揚げ」（油揚げ）に北京語を当てたものだが、立派に台湾の地元グルメとなった。野球ボールぐらいありそうな、丸々と太った阿給が碗に盛られている。折り紙で作った四角い紙風船が、空気を入れてパンパンに膨らんだような形だ。この紙風船型の油揚げにドロッとしたピリ辛ソースがかかっている。見た目だけでも「!?」

となるが、阿給を割ってみて、さらにびっくり。紙風船の中に入っているのは、空気ではなく春雨だった。たっぷりの春雨が次から次へと手品のように出てきて、碗が春雨でいっぱいになる。

戦後、油揚げだけではお腹が膨れないと、中に春雨を詰めてみたら、これがけっこうお腹にたまると人気が出た。そんな生い立ちである。しかも老牌阿給は、油揚げではなく厚揚げを使っているので、ボリューム感もある。見た目のインパクトは強いのだが、味は、ピリ辛なことを除けば案外素朴だ。戦後、淡水河に沈む夕日を見ながら、淡水の人たちはこの春雨入り厚揚げを食べてお腹を満たしていたのか。そう思うと、なかなか感慨深いものがある。

港前、魚のすり身団子のスープ　朝・昼・夜型

MRT淡水駅は、改札を出るとすぐに埠頭《ふとう》に直結する遊歩道がある。人気のデートスポットでもあるので、休みの日はかなり混雑する。まるで夜市のように若者が台北近郊から集まり、埠頭の屋台では、巨大なイカの姿揚げや、台湾一の高層ビル、台北101を思わせるような細長いソフトクリームなど、目新しい創作料理が生まれては

消えていく。

そんな遊歩道の狭い路地に、魚のすり身団子スープの老舗がある。このスープは台北市内でも目新しい料理ではないが、淡水の名物として知られている。淡水のすり身団子は、中に具が入っているのが特徴だ。

さっそく路地裏の老舗「蘆媽媽《リューマーマ》」に入る。昼時のピークも過ぎて、小さな店内はガランとしていた。看板メニューは魚丸湯《ユーワンタン》（魚のすり身団子スープ）と米粉。魚丸湯は、透明なスープに、いかにも手作りらしい、少しいびつな形をした団子が4つ入っている。

淡白で歯ごたえのある白いすり身団子を割ってみると、中には濃いめに味付けされた豚ひき肉が少し入っている。スープもあっさりしていて、すごくバランスがよい。阿給には荒々しさがあったけれど、こちらの淡水名物は、控えめに、でもまっすぐに豚肉が主張している感じだ。イカの姿揚げやタピオカミルクティーもいいが、もうあまり若くはないので、路地裏の控えめな白い魚丸湯くらいが私にはちょうどいいと思ってしまう。

15分足らずの船旅で海風を満喫

ＭＲＴ淡水駅は淡水線の終点だが、今回の終着点ではない。今日はさらに川を渡るつもりで淡水を訪れている。淡水には埠頭があり、川向こうの各地に向かう船が出ている。このうちのひとつに乗って、船旅を楽しもうというわけだ。

シアトルに暮らしていた頃、大学の冬休みにダウンタウンのユースホステルに泊ったことがある。そのホステルの主みたいな、長いヒゲを生やしたおじいさんが「シアトルからはいろんな船が出ているから、船上から夜景を見るといい。でも、クルージング船になんか乗っちゃいかん。向かいの島までの渡し船に乗るんだ。２ドルで30分の船旅が楽しめるぞ」と教えてくれた。その後、何度シアトルの渡し船に乗ったかわからない。夕暮れどき、ポツポツと街の明かりが灯る頃の景色がそれは見事だった。

淡水と、向かいの八里《バーリー》という街をつなぐ渡し船も、それと似た存在である。こちらはほんの15分足らずと乗船時間が短いが、淡水からさまざまな遊覧船が出ているなかで、この渡し船が一番安いし、本数もたくさんある。八里に渡れば、八里グルメも楽しめる。夕暮れどきは、運がよければ淡水の真っ赤な夕日を見られるかもしれない。

船には色々な人が乗る。観光客は少なく、日本人は私だけだった。地元の小学生や、親戚の家を訪ねて行くおばちゃんなどで席が埋まる。こんな気張らない地元感が好きなのだ。まるでバスのように、人が乗り込んだらすぐに出港する手軽さもいい。

水上を進む船から外を眺めると、目的地の八里はもうすぐそこに迫っている。あっという間に淡水の埠頭が遠ざかる。淡水河は大きいけれど、船で向こう岸に渡ってみると、やっぱり海ではなく、河だったんだなと気づく。船旅は短くて、潮風のペタペタとした感じがあまりない。憧れの街、淡水。もしここに暮らしていたら、午前中に埠頭を散歩したり、ときどき遊覧船から夕日を楽しんだりしていただろうか。いや、せっかちな私のことだ。きっとそんな時間は作れずに、結局淡水の美しさを堪能できず、味気ない生活を送っていたかもしれない。

孔雀貝炒めと蜂蜜ビール（!）　昼・夜型　酒あり

八里の「余家《シュージャー》孔雀《コンチュエ》蛤《ハー》大王《ダーワン》」は、台湾に住んでいた頃に何度か来たことがある。孔雀蛤という仰々しい名前の正体は、小ぶりのムール貝。台北市内ではあまりお目にかからない食材なのだが、八里にはこのムール貝の料理を出す店が何軒かある。特にこの店は有名店のひとつ。

さっそく店の看板メニューである孔雀貝の炒め物を注文。孔雀貝はゴマ油と酒を使った濃厚なソースで炒めてあり、そこにこれまで何度か登場した九層塔（台湾バジル）がふんだんに使われているので、初めて食べたときは「うっ、強烈」と思った。でも、台湾グルメに慣れてくると、孔雀貝炒めはやっぱりこうでなくちゃと思えてくる。このソースの味付けは「三杯《サンベイ》」と言って、3種類の調味料を1杯ずつ混ぜた味なのだ。通常、三杯はゴマ油、料理酒、醤油を1杯ずつ。濃厚だが、海鮮にはよく使われる味付けだ。

もう1品は水晶魚《スエジンユー》（キビナゴ）の揚げ物。衣がふんわりしていてすごく美味しい。スナック菓子のようにサクサクしている。孔雀貝が濃厚なのに対して、こちらは軽くあっさりとした味。この組み合わせは正解だった。

海鮮が2種類来たら、ビールがほしくなる。どんな店でもビールくらいは飲める日本や韓国と違って、台湾はアルコール完備の食堂は多いとは言えない。でも海鮮の店なら100パーセントの確率で置いてあると言っていい。

店の奥にあるビール用の冷蔵庫を開けると、見慣れない瓶が。台湾ビールは最近バリエーションが増え、男性だけでなく、女性や若者が飲みやすいビールの開発に余念がない。定番だった台湾啤酒《タイワンピージョウ》は「クラシック」とラベルを改め、その後に登場した格上の「金牌《ジンパイ》」（プレミアム）も、今や大変な人気を誇っている。他にも、台湾生ビールやヴァイスビア（小麦主体）などは、なかなか評判がよい。一方で、マンゴーやパイナップルなどフルーツ風味をプラスして女性層を狙ったフルーツビールもあるが、評価はいまいち。

私が選んだのは「蜂蜜啤酒《フォンミーピージョウ》」。そう、蜂蜜ビールである。黄色いラベルには熊のプーさんが抱えているような可愛らしい蜜壺が描かれている。私は勇気を出して1本手にとってみたが、いくら甘いもの好きの女子でも「……」となるほど、甘ったるかった。苦い蜂蜜の炭酸飲料のようだ。ああ、ビックリした。海鮮と合わせるなら、やっぱりオーソドックスなビールがお薦めだ。

素朴なおやつ、双子パン　朝・昼・夜型

淡水の対岸にある八里の町は、渡し船が着く埠頭に食堂や屋台が並んでいるだけで、他には特に何もないところだ。それでも、昨今の自転車ブームにあやかり、この日もサイクリングを楽しむ台湾の若者たちを多く見かけた。

そんな健康的なバイカーを横目に、デザートを探して歩く。この辺りに確か、小さなパン屋さんがあったはずだ。孔雀貝料理の食堂を出て埠頭をブラブラしていると、路地の入口にその店を見つけた。20年前と変わらず、垢抜けない店構え。店頭には数種類の揚げパンが山積みになっていて、中では店員が忙しそうにパンを袋詰めにしている。飲食スペースはない。「姉妹雙胞胎《ジェメイスアンバオタイ》（双子）」という店名のとおり、看板メニューは双子パン。なぜ双子なのか？　バターロールパンくらいの大きさの丸い揚げパンが、ふたつくっついて揚がっているからだ。値段は15元（約55円）。これでパンふたつ分なので、かなりお得感がある。パンは小学校の頃に食べた揚げパンを思わせる、フワフワで柔らかい食感。外側にザラザラの砂糖がついていて、頬張ると砂糖が唇の周りに張り付く。油で揚げてあるのに、ドーナツのような油っこさはない。

この店には双子パンの他にも、美味しそうなパンがたくさん並んでいて、目移りする。大好きな芋泥餅《ユーニービン》（タロイモサンド）と酸菜包《スアンツァイバオ》（野菜揚げパン）をひとつずつ購入した。タロイモサンドは、2枚の四角いビスケットの間にタロイモのマッシュポテトがサンドされ、油で揚げてある。ほどよい油の甘味、クラッカーの歯ごたえ、そしてタロイモのもったりとした食感が絶妙なバランスで統合されている。これは美味しい！ 何枚か箱詰めにして持ち帰りたい。こういうのをデスクワークの合間にボリボリ食べたら、能率が上がるに違いない。

野菜揚げパンは、双子パンと同じようなふかふかのパン生地の中に、白菜の漬物が入っている。ザーサイのような、少し歯ごたえのある細切りの野菜で、もちろん塩味なのだが、これが不思議と甘い揚げパンとよくマッチしている！ 日本でも、甘じょっぱいお菓子が流行って久しい（私はロイスのチョコがけポテトチップスが大好きだ。塩味の効いたポテトチップスと甘く上品なチョコレートは実によく合う）。八里の酸菜包、なかなかの名菓である。渡し船を往復するだけの価値があるオリジナルだ。

湯けむりの街、北投

日本人が作った温泉郷

台北からMRTで淡水へ向かう途中に、北投《ベイトウ》という街がある。台北駅と淡水駅のちょうど真ん中くらいだ。所要約20分。台北から一番近い温泉街として知られている。

MRTには北投駅と、新北投《シンベイトウ》駅がある。でも、新北投駅だけが離れ小島のようにな

って いて、必ず北投駅で乗り換え、１駅分だけ電車に乗らなければならない。ちょっと面倒だが、だからこそ隔絶された「温泉郷に来た」という高揚感も味わえる。

新北投駅には温泉宿が何十軒もある。陽明山《ヤンミンサン》という山のふもとの温泉街は、どことなく日本の箱根を思わせる。それもそのはず、ここは日本人が作った温泉街なのだ。日本時代の初め頃、北投で温泉が発見された。日本政府は、特に温泉がふんだんに出る場所を「新北投」と改め、日本軍の傷病兵のための療養施設を作った。その場所は今も温泉博物館として残っていて、誰でも見学でき、足湯体験も楽しめる。

そして時代は巡り、１９６０年代から70年代にかけて、北投は全盛期を迎える。やはり日本人男性の登場によって。当時、羽振りのよい日本企業に人気の社員旅行先といえば、台湾や韓国だった。日本の男たちは台北の北投を訪れ、それこそ掛け流しの湯のように金を使い、女遊びに興じていた。今でも、私が主治医に「台湾に行くので胃腸薬や風邪薬をください」と言うと、60代後半の彼は「抗生物質もいる？　女性だからそういう遊びはしないか」と半分笑い、半分真顔で言うくらいだ。

私が台湾で暮らし始めた90年代は、そういった日本人男性の姿は見られなくなり、歓楽街の残骸《ざんがい》のような温泉施設がぽつぽつと残っているだけだったが、いずれも日本の箱根とは比べ物にならないほどお粗末だった。

しかし、2000年以降、日本ブームが巻き起こり、日本と台湾との間で観光客の行き来が増加するに連れ、北投温泉は再び脚光を浴びるようになった。古い温泉旅館が次々とリフォームされ、箱根顔負けの新しい温泉街ができあがった。道路もきれいに整備され、旅館も1泊3000元（1万円以上）もするところが増えたが、宿も温泉も質がよく、サービスもなかなかのものである。台湾の濃い緑の木々を楽しみながら、硫黄《いおう》臭が強い上質な温泉でゆっくりするのもいい。

温泉浴後の台湾ビールと酒肴ワンプレート　昼・夜型　酒あり

温泉街は新北投という離れ小島のMRT駅周辺にあるが、北投グルメの中心は北投駅周辺だ。淡水線沿いにあるので、台北駅から一本で行ける。新北投からもそれほど離れていないので、温泉浴後に散歩感覚で歩けば、15分ほどで北投駅にたどり着く。

「北投駅の近くに台北エリア最高の牛肉麵がある」と、ホテルのマネージャーに聞いていた。しかし、2軒並んでいるので、くれぐれも間違えないようにと言うのだ。1軒は牛肉麵が最高に旨い店、もう1軒は牛肉麵よりもサイドディッシュのつまみが旨い店である。言われた場所を訪れると、最初に「呉家《ウージャー》牛肉麺《ニョウロウミエン》」という看板が見える。商売繁盛につき、飲食スペースを広げましたというタイプの店で、飲食店3軒分くらいがすべて呉家牛肉麺のイートインになっている。

ここが最高の牛肉麺の店か、と注文書に印を付けかけて、はたとペンを止める。目の前をいかにも旨そうな大皿の滷味《ルーウェイ》（豚肉や豆腐、野菜などを醤油で煮込んだつまみ）が通過した。待てよ、あれがマネージャーの言っていた「サイドディッシュ」では？　とすれば、この呉家の牛肉麺はいまいちということになる。そして周囲を見渡すと、奥にもう1軒、牛肉麺の店があることに気づいた。あちらは「志明《ズーミン》牛肉拉《ニョウロウラー》麺《ミエン》」だ。おっと危ない。いや、でも呉家の牛肉麺を求めてこれだけの客が集まっているのに、つまみだけ頼んでいいものだろうか？　葛藤の挙句、やはり大皿のつまみだけを注文する。もちろんビールも。温泉に浸かった後、15分も散歩してきたのだ。

やって来たのは大皿に盛られた鶏もも肉、豚耳、昆布、厚揚げ、茹でたピーナッツ、煮卵のスライス。滷味というと醤油が染みすぎてこげ茶色になっているものも多いが、この店のものはキツネ色だ。上からぐるりと甘辛ソースが一周していて、艶やかに光っている。私は喜々として缶ビールをプシュッと開けた。

鶏肉は期待を裏切らない柔らかさ。味付けも濃すぎず、薄すぎず、ちょうどいい。豚耳はコリコリの歯ごたえだし、一方でピーナッツは柔らかく煮てあり、ベストな塩加減。昆布も煮卵も上品な塩味で、甘辛ソースと絡まると、この上ない幸せを運んでくる。豚耳と鶏肉をひと口ずつかじって、ビールで流し込む。あ～幸せ！　明日の朝、日本に帰ったって思い残すことはない。

赤か？　白か？　台北圏第3位の牛肉麺　昼・夜型

「2010年台北市牛肉麵節　料理王大会第3位」

そんな堂々たる垂れ幕を掲げるのが、呉家牛肉麵の隣にある先述の「志明牛肉拉麵」だ。牛肉麵はその名の通り、うどんのように太い麵にゴロゴロと牛肉の塊が入ったスープ麵。牛肉麵は台湾で人気のある料理のひとつで、麵の太さやスープの味、肉の風味などは店によってさまざまである。魯肉飯と同様、自分のひいきにしている牛肉麵店がある人も多い。

牛肉麵には通常、赤と白がある。赤というのは紅焼《ホンサオ》牛肉麵のことで、醤油ベースの濃いめの味付け。白は清燉《チンドウン》牛肉麵で、あっさりと出汁の効いた白いスープだ。店によって赤を売りにしていたり、白を売りにしていたりとさまざまだが、台湾で牛肉麵といえば、赤を好む人のほうが多い。

だが、この店の牛肉麵に関しては、ホテルでひと悶着《もんちゃく》あった。まずマネージャーが「絶対に白を頼むように」と言った。そこに宿の専属ドライバーが口を挟んだ。「いや、あの店の白には九層塔（例の台湾バジル）が入っていて、あの香りがスープの味を殺してるんだ。だから、赤を頼んだほうがいい」。確かに、台湾バジル入りの牛肉麵はちょっと戸惑うかもしれない。するとサブマネージャーが「私も白がお薦めです」と言う。マネージャーの顔を立てたかっこうである。

結局、〝白優位〟のままホテルの車に乗り込むと、先ほどのドライバーが「さっきサブマネージャーは白がいいって言ったけど、彼も実は赤派なんだよ。白はバジルの香りが強すぎるって言ってたしね、絶対赤にしたほうがいい」とダメ押しする。結局、白黒、いや赤白つけられぬまま、志明牛肉拉麵まで来てしまった。う～ん、どうしよう？

くだんの牛肉麵大会で3位を獲得したのは白のほうらしい。しかし、周りのテーブルを見てみると、白と赤のオーダー状況は半々といったところ。私は思い切って両方

完成度の高い「志明牛肉拉麵」の白

頼むことにした。

赤は、オーソドックスな白い太麺に大きな牛肉の塊がゴロゴロと載っかっている。赤茶色の濃厚なスープはやや甘口。でも思ったよりさっぱりとしていて食べやすい。肉は牛筋なのだが、これがまた柔らかくて旨い。麺は少し縮れた硬めの茹で加減。これは私好み。赤も十分に合格点である。

ところが、白のほうのスープをひと口すって、私は驚愕《きょうがく》してしまった。確かに、牛肉麺には珍しい台湾バジルが入っていて、その香りが鼻を突く。でも、それ以上にまろやかな白スープ！　出汁の風味が強く、台湾バジルさえも包み込んでしまう旨味。逆に台湾バジルの清涼感がいいアクセントになり、完成度の高い味になっている。最初のひと口で、すっかりこのスープの虜《とりこ》になってしまった。

だが、驚きはそれだけではなかった。白に入っている牛肉の塊である。赤はスネ肉を使っているが、白はバラ肉やヒレ肉などの高級部位を使っているため、柔らかさが違う。口に入れた瞬間に塊がふわっと崩れ、上品な牛肉の香りが口いっぱいに広がる。これが台北圏第3位の味か。この上に2位と1位が控えているなんて信じられない。北投の奥まった路地裏にある志明牛肉拉麵。私の白牛肉麵歴のなかで文句なくナンバーワンに輝く味だ。ドライバーさんにはすまないが、〝白の圧勝〟である。

北投駅前で謎の汁ものに魅了される　昼・夜型　酒あり

北投で泊まったホテルのマネージャーは、若いのにとても博学で、しかもかなりの食通である。彼が美味しいものを食べ歩いていることは、その豊かな体軀《たいく》からもわかるのだが、聞けば台湾南西部、嘉義《ジャーイー》の出身だという。嘉義は、素朴だが旨い店の多い隠れた美食の街だ。そんな嘉義の美味しいものを食べて育った彼が、北投でイチオシだというレストランが「李家小館《リージャーシヤオグアン》」である。

北投駅のすぐそばにあり、外から見た感じは田舎の食堂といった雰囲気。野暮ったいイルミネーションが窓枠にチカチカと光っている。ホテルマネージャーのお墨付きがなかったら、絶対に通り過ぎるタイプの店だ。

この店は台湾家庭料理と銘打っていて、確かに屋台料理とは少し雰囲気の違う大皿の炒め物などが多い。お薦めだという蝦仁豆腐煲《シャーレンドウフバオ》（エビと豆腐の煮込み料理）と炒《ツアオ》小白筍《シャオバイスン》（マコモダケ炒め）を頼んだ。ほどなくして運ばれてきた料理は、いい意味で期待を裏切るものだった。

蝦仁豆腐煲は小さな火鍋のようにグツグツと煮込まれた状態でやってくる。深めの皿に餡かけのような、カレーのように黄色いとろみのある汁ものが入っており、大きめのエビと豆腐が浮かんでいる。料理が運ばれてきたすぐ後で、男性が厨房から出てきて部屋の隅に座ると、テレビを観ながら食事を始めた。この店のシェフだろうか。私たちが最後の客だから、料理を出したら今日はもうおしまい、ということだろう。「これ、カレー味ですか？」とシェフらしき男性に聞くと「違うよ」と短い答え。ひと口食べてみると、なんとも言えない甘味と旨味。いったい、何のスープなのだろうか？　わからないまま、どんどん口に運ぶ。エビは新鮮でプリプリしている。それより、この黄色いスープが美味しい！　カレーのように白米にかけてもいける。

「美味しいですね、これ何の味ですか？」と聞くと、男性はしばしの沈黙を経て「俺が作ってんだ。色々入ってるから旨いだろ」とドヤ顔である。でも、私たちのほうをチラッと見ただけで、また目線をテレビに戻す。

もう一品のマコモダケ炒めは、見た目はシンプルだが、鹹蛋《シエンダン》（塩漬け卵）が入っていて、マコモダケのサクサクした歯ごたえと卵の旨味がマッチした一品だった。想定外の旨さにびっくりである。

「マコモダケの炒め物も美味しいですね！」と男性に話しかけると「ああ、俺が作ったからな。俺がここのオーナーだよ」と興味なさそうに答えた。彼がオーナーシェフなのか。愛想はないが、料理の腕は一流らしい。表の「台湾家庭料理」という凡庸な看板からは想像もできない味だ。

レシピはまったく教えてもらえないが、どちらの料理も美味しい。温泉街にひっそりとたたずむ素朴な店だが、穴場感があって面白い。一番人気は要予約の黄金脆皮《ホアンジンツエピー》雞《ジー》（パリパリ皮のチキン）らしい。おそらく、黄金色になるまでじっくり焼いたチキンがパリパリの皮とジューシーな肉汁とともにお皿に載ってくるのだろう。再訪を誓って店を出た。

ボリュームたっぷり、夜市のかき氷　夜型　人だかり

温泉町、北投にも夜市がある。でも、北投から10分ほどMRTに乗ると台北最大の士林夜市《スーリンイエスー》に行けるので、北投温泉に泊まる日本人のほとんどは士林夜市に行ってしまい、北投夜市には観光客が集まらない。

「地元の人しか行かない夜市だよ」とホテルのドライバーが言っていた。地元民の夜市、大歓迎だ。日本語や韓国語ばかり聞こえてくる夜市より、地元の人に愛される夜市のほうが美味しいものは見つかりやすい。どでかい夜市よりも、ほどほどの規模のほうが回りやすい。私はさっそく北投夜市に出かけていった。

地元中心の人出とはいえ、かなりの賑わいを見せている。北投にはロータリーが変形したような三叉路があり、夜市はこの辺りから始まる。一本道ではなく、何本かの道路に囲まれた数ブロックほどが夜市になっている。そのなかで早くも行列店を見つけた。台湾かき氷だ。自然と口元がほころぶ。何をどれだけ食べても、甘いものは別腹である。私はさっそく屋台の行列に並んだ。

北投夜市は、なぜか赤提灯をぶら下げた屋台が多い。暗い屋台街にぼんやりと赤提灯がいくつも浮かび上がっている様子は東京、新橋駅の飲み屋街のようでもある。そんななかに「陳家剉冰《チエンジヤーツアビン》」の屋台がある。台湾かき氷というと、東京は表参道のフワフワのマンゴーかき氷を思い浮かべる人が多いだろうか。もちろん、氷自体に味付けされたかき氷「雪花冰《シユエホアビン》」は台湾でも人気だが、それ以上に一般的な台湾かき氷が「剉冰」だ。通常の透明な氷を削って作るかき氷で、甘いシロップと多彩なトッピングをかけていただく。このトッピングが台湾独特で、甘く煮込んだ緑豆やピーナッツをはじめ、タロイモやサツマイモ、お餅やタピオカなど、よりどりみどり。

こうしたトッピングを３、４種類選んで、さらにコンデンスミルクやシロップをかければ、高い山のようになる。碗から溢れ出るほどのかき氷をほじくりながら食べる。剉冰は雪花冰ほど甘くなく、トッピングしだいで甘さを抑えることもできるので、実は男性にも人気。台湾ではひとりでスマホをいじったり、新聞を呼んだりしながらかき氷を食べる青年やおじさんをよく見かける。

陳家剉冰は行列店だけあって、お姉さんがかき氷をよそうスピードが速い。だから、注文も素早くしなければならない。並んでいるうちから、どのトッピングにするかを決めておく。この店の標準かき氷はトッピング4種類を選ぶことができる。ざっと20種類以上はあるので、大いに悩む。そして、自分の番が来たら内用（イートイン）なのか外帯（テイクアウト）なのかを伝え、4種類のトッピングをひとつずつ指さしていく。ひとつ指さすと、よそいながら「次」と言われるので、次を指さす。それをよそいながら、また「次」と言われるので次を指さす、といった具合。4種を盛り終えると最後に茶色いシロップをかけてくれる。

甘いものは大好きだが、これはひとりで食べられる量ではない。どうして台湾のかき氷ってこうも大盛りなのだろう。でも、いい具合に煮崩れた甘味たっぷりのタロイモも、甘さ控えめの小豆も、最高に美味しい。

ホテルマネージャーお薦め、行列の小籠包　昼・夜型　人だかり

夜市から外れた通り沿いに人だかりが見える。小さな店構えだが看板は大きい。白地に大きく赤字で「小籠包」とあり、その横に小さな字で「焼売」「小饅頭」とある。店名は特になし。この3品しかないのにすごい行列だ。ホテルマネージャーによれば、目玉は小籠包らしい。私も列に並んでみる。キョロキョロしていると、地元の人間で

はないとわかったらしく、前に並んでいたおばちゃんが「1個から頼めるよ」と教えてくれた。「でも1個じゃ悪いから、半分の5個がいいわよ」と付け足す。

この店の小籠包は10個で80元だ。ひとつ8元（約30円）だが、それではあまりに失礼かもしれない。私は、5つだけ買おうと40元を握りしめて列に並んだ。後ろに並んだ中年カップルはどうやら韓国からの観光客らしい。言葉はわからないけれど、ふたりの年齢や雰囲気から、おたがい家庭があるのかも……と想像できる。決定的な何かがあるわけではないが、夫婦よりも仲がよさそうで、適度な遠慮がある関係に見えた。腕を組んで、北投で小籠包の列に加わるふたりが微笑ましくさえ思えるのは、温泉の湯けむりのせいだろうか。

小籠包は肉まんの4分の1くらいのサイズしかないが、皮の部分が厚く、とても弾力があってほのかに甘い。中には思いの他たっぷりの具が詰まっていた。肉汁が滴るというほどではないが、肉の旨味はしっかり感じられる。購入時はポリ袋に無造作に入れられるので、すぐに食べないと潰《つぶ》れてしまう。買ったらその場で湯気が上がった小籠包にパクッとかぶりつくべし。

魯肉飯のモーニングセット　朝・昼型

夜市のあったところは、翌朝、朝市になっている。北投もそんなシフト制の市場である。だが、北投は朝がいい。夜より、断然朝がいい。いや、もちろん温泉に浸かってのんびりし、硫黄でツルツルになったお肌で散歩に出かけるのは夜である。でも、一杯ひっかけたら早めに寝て、エネルギーは翌朝までとっておくことだ。

この日、土曜日の朝だったということもあるが、北投朝市は台北エリアでは稀に見る賑わいようだった。まさか北投にこんなに賑やかな朝市があったなんて！　台北市内の朝市も場所によっては賑わうが、市街地はやはりオフィス中心なので、朝市に出かけていく人は少ないし、どこか上品な雰囲気がある。その点、北投朝市には台北中心部では見られないような迫力があった。

朝市の建物の1階は精肉、魚介類、野菜などのブース。どの店も大声をあげて客引きをしている。そのなかに、ひときわ客の多い一角があった。野菜売場だが、その中央にいるのはまだ二十歳そこそこの若い青年ふたりだ。兄弟だろうか、よく似た風貌で、ふたりともTシャツに短パンという姿。短く刈り上げた茶髪がオシャレで、清潔感もある。ひとりは耳にはピアス、腕と足に刺青《いれずみ》をしていて迫力はあるが、ちょいワ

北投の朝市は、台湾でも屈指の賑わい

ル程度にしか見えないのはエプロン姿のせいだろうか。ふたりは野菜の間を行ったり来たりしながら、「青野菜はぜんぶ50元！」「新鮮だよ、見てって～」と威勢のいい声を出し、溢れる客をうまくさばいている。北投朝市のイケメン兄弟といったところだ。

賑やかな1階をぐるりと回ったあとは、2階の飲食コーナーを覗いてみる。階段を上ってすぐのところに、いきなりテーブルと椅子が並べられた食堂があった。「黄《ホアン》家《ジャー》酸《スアン》菜《ツァイ》滷肉飯《ルーロウファン》」という看板が見える。バラバラに置かれたテーブル席がほとんど客で埋まっているところを見ると、味は確かなようだ。

なんとか空いている席を見つけて魯肉飯の小、煮込み白菜、豆腐と目玉焼き、そして豚

朝の人気店「黄家酸菜滷肉飯」の酸菜が載った魯肉飯

の血の煮凝りスープを注文した。頼みすぎかもしれないが、専門屋台と違って、メニューが豊富な朝ご飯屋さんでは1品、2品に絞るのが難しい。

人気店だけあって、この店の料理はどれも当たりだ。煮込み白菜は魯肉飯を扱う店ではよく見かける。トロトロに煮込まれた白菜は案外薄味で上品。どこか日本の鍋物を思わせるような味付けで、いくらでも食べられそう。豚の血の煮凝りスープは、ニラも入ったスタミナスープ。ピリ辛で豚の血のプリプリした食感が面白い。これはクセになりそう。

そして魯肉飯。この店の看板メニューである魯肉飯は、高菜に似た酸菜《スアンツァイ》が載っていて、ちょっと珍しい。魯肉飯といっても、白米の上に載っているのは他店で見かける脂身の多い肉ではなく、しっかりと味付けされた大きめの肉で、脂身は少なめ。これが酸菜とよくマッチして、素朴な魯肉飯に仕上がっている。この魯肉飯に半熟の目玉焼きを載せてみる。酸菜、豚肉、肉汁を帯びた白いご飯の上に、とろんと目玉焼きの黄身が降りてくる。朝から幸せいっぱいだ。

豚と魚のすり身団子の餡かけスープ　朝・昼型　ロータリー前

北投朝市は、磺港路《クアンガンルー》の市場ビルが中心になっているが、その周辺道路にも食堂や出店がたくさんあって、通りは人で溢れている。北投の朝は元気だ。そのなかに人気朝食店「上全肉羹《サンチユエンロウゲン》」がある。先述の通り肉羹とは、豚ひき肉のすり身と魚のすり身を混ぜあわせて団子状にしたもの。作り方は店によってさまざまで、ひき肉を使わずに細切れ肉を使って、ゴツゴツした食感を出したりする店もある。

実は北投は、この肉羹餡かけスープの激戦区で、名店がしのぎを削っているのだが、そのなかでも上全肉羹は一番の老舗。昔ながらの懐かしい味を維持していると地元の人たちからの定評がある。人気店だけあって、大きめの食堂は朝から満席。これはすごい繁盛店だ。店員の数も多く、みんなフレンドリー。私が看板の肉羹湯（すり身肉の餡かけスープ）を頼むと「豆腐はいいの？　うちの名物だよ」と声がかかる。名物と言われると弱い。「じゃあ、豆腐と煮卵も」と追加してしまう。

肉羹湯は、大きめの碗に大振りの肉羹がゴロゴロと入っていて、見た目はなかなかパワフルである。食べてみると、ギュッと音が出そうなほど、しっかりとした歯ごたえ。これは朝から力が付きそうである。味付けもはっきりしている。たっぷり盛られた香菜がまた爽やかだ。

そして名物と言われて頼んだ厚揚げと煮卵。こちらは大きなキツネ色の厚揚げに、とろみの強いソースがかかっていて、食べる前から美味しいに決まってるでしょ、と言いたくなる。

驚いたのは、この店の客のほとんどが肉羹スープに麺が入ったものを注文していることだ。肉羹湯だけでも食べごたえ十分なのに、そこに米粉、春雨、意麺《イーミエン》（鴨の卵が練り込まれた平たいちぢれ麺）など好みの麺を加えて食べている。台湾人の食欲には心底感心させられる。この底なしの食欲があるかぎり、街の朝市は彼らの胃袋を満たすため、ずっと勢いを失わないのだろう。

コラム⑧

豪華浴室付き、北投の〝博物館風〟温泉宿

北投《ベイトウ》温泉。60～70年代にかけて日本人が豪遊した時代から華麗な変身を遂げ、今は箱根顔負けの高級温泉宿が立ち並ぶ。そのうちのひとつ、「荷豐溫泉會館《ハーフォンウエンチエンホエグアン》」（9PLUS）に宿泊した。

この宿、外観は特筆すべきものはないのだが、内装を見て驚く。優雅な中国式装飾が随所にあしらわれており、オーナーの趣味で高価な骨董品があちこちに飾られている。なんと「小故宮」との異名を取るほどの価値があるという。故宮博物院を見学したら、この宿でさらに中国数千年の文化を存分に堪能するのもいいかもしれない。

荷豐温泉會館の最大の魅力はもちろん温泉である。各部屋には大理石でできた大きな風呂が付いている。客室は重厚感のある中華風のインテリアで統一されていて落ち着きがある。アメニティやガウンも豪華。都会の喧噪を離れ、森の中で優雅に温泉を楽しめる。

セミスイートと呼びたくなる、広々とした部屋

北投温泉は、日帰り温泉浴サービスがあるのも魅力だ。ほとんどの宿では日帰り料金を設定していて、温泉風呂付きの部屋を2、3時間から

利用できる。家族での利用も多く、週末ともなれば常に満室だとか。台北中心部に泊まっているなら、こんな利用法もある。

台湾の温泉でいつも驚いてしまうのは、大きな浴槽にお湯が張られていないこと。お湯を張る時間も利用時間内に含まれるのだが、巨大な蛇口からドカドカと滝のように温泉が出てくるので10分もあればお風呂は満タン。心配は無用だ。

部屋風呂は2、3人入れそうなほど広々としている

北投夜市や北投朝市、その他の北投名店グルメはいずれも北投駅前に集まっているが、このホテルでは30分に1本の専用のシャトルバスで無料送迎してくれるから交通も便利。
支配人の江坤森《ジャンクンセン》さんは博学でグルメ。北投には独特の〝バイク便文化〟があると教えてくれた。60年代、北投で大勢の日本人が遊んだ頃に発達した風習で、食べ物はもちろん、日用品や人までもバイクで運んでくれる専用サービスだという。人気店の小籠包だって代わりに並んで買ってきてくれる。
「ナガシ」（ギター片手に酒場を流して歩く芸人）という日本語や、「酒加菜《ジョージャーツァイ》」と呼ばれる宴会料理が定着した北投。今は家族連れやカップルのための温泉地となったが、そんなかつての北投を思いながら散歩を楽しむのもオツなものだ。

第 6 章

台北からの日帰りグルメ②

基隆

基隆——台北駅から列車で45分の港町

雨の町

基隆《ジーロン》はいつも雨が降っている。私が雨女というわけではなく、基隆はきっと、いつ誰が行っても、雨で迎えるのだと思う。でも、訪問を重ねるうちに、雨のなかの基隆を見ると「ああ、懐かしい。雨でよかった」と思えるようになった。

実際、台湾人のなかで基隆人を見分ける方法のひとつに「いつでもどこでも、傘を持っている」という特徴があるらしい。雨が降り始めると、長雨になったり、暴雨になったりする確率が高い基隆。だから、基隆の人は外出時に大きめの傘を持ち歩く。

台北に暮らしていた頃、よく元夫と、人気の観光地である九份《ジョウフエン》や基隆に日帰り旅行をした。車だと1時間足らずで基隆に到着する。廟前の賑やかな夜市を冷やかし、九份でお茶を飲んで夜中に帰る。いつもそんなルートだった。マイカーではなく、列車を使うようになると、基隆は案外近いことに気づいた。台北から台鐵（在来線）区間号という鈍行列車に乗って45分で到着する。ＭＲＴで約40分の淡水と比べても、時間的にはあまり変わらない。台鐵は切符を買ったり、座席を予約したりするのが少し面倒だが、台北駅から基隆のルートは鈍行なので座席指定の必要もなく、悠遊卡《ヨウヨウカー》（タッチ式交通カード）を使えるようになったため、MRTに乗る感覚で台鐵に乗ることができる。これは手軽である。

基隆は、隠れグルメタウンだと思う。いや、有名な廟口夜市《ミャオコウイエスー》のことを言っているのではない。基隆の廟口夜市は、今や日本人でも訪問済みの人が多いだろう。私は、台北のどの夜市よりも、基隆の廟口夜市のほうが美味しいものが多いと思う。それは、基隆人も認めるところだ。基隆出身者は、台北の夜市を夜市だとは思っていない。しかし、廟口夜市は観光客の食べるところで、生粋の基隆人はもっと美味しい店を知っているという。本当だとしたら、基隆人たちは、どこで何を食べているのだろうか？

きしめんと豚モツの朝ご飯　朝・昼・夜型

基隆出身の知人が自信を持ってお薦めする朝食店がある。基隆駅の裏手の路地裏にある「巷頭粿仔湯《シャントウグオザイタン》」である。粿仔というのは、米やもち米を原料とした、きしめんのような平たい麵を指す。この店の粿仔は台湾産の米のみを使用し、添加物やつなぎ

隠れた食都・基隆を象徴する「巷頭粿仔湯」の米粉きしめん

をいっさい加えていないため、出てきたらすぐに食べないと、あっというまにのびてしまう。だから台湾の食堂や屋台では珍しく、テイクアウトができない。それだけ粿仔の味にこだわりを持っているのだ。

粿仔湯は大・中・小から選べるのだが、豚モツのアラカルトプレートも食べられるように小を数人で分けたほうがいい。小だって十分に大きいのだ。朝ご飯にふさわしく、スープはとてもさっぱりしている。豚骨ベースで、小腸まで入っているのに、臭みもなく優しい味だ。麺からはほのかに米の香り。米だけで作った麺なので、モチモチした食感ではなく、つるんとした感じ。こんなに新鮮で香りのよい粿仔は、ちょっと他店では食べられない。

アラカルトの豚モツは、ガラスケースの中から自分で選んで切ってもらう。これは北京語で「白黒切《ヘイバイチエ》」、台湾語で「随意切《オーベイチエ》」という。日本風にいえば「お好みスライス」といったところだろうか。ケースの中には豚の心臓、腎臓、肝臓、気管支、肺……。さすがは豚肉に精通した台湾人、どんな部位でも食べてしまう。

今回は豚の食道を注文した。甘味のあるとろみがかったソースに、生姜の細切りが添えられている。白っぽい食道は、食感がコリコリとして、軟骨のよう。白黒切の他に、この店自慢のおでんにもそそられる。おでんの鍋には大根、竹輪、魚のすり身団子などが浸かっている。私のお気に入りは手作りの竹輪。日本の竹輪よりも弾力があり、歯ごたえがしっかりしている。

素食麵線と意外な風味の香椿醬ソース　朝・昼型　廟前・人だかり

きしめん朝ご飯の店から、大通りの安一路《アンイールー》を挟んで反対側に、「安樂市場《アンラースーチャン》」という朝市がある。この日は日曜の朝ということもあって、大変な賑わいを見せていた。やはり台湾の朝市は、地方都市ほど元気がいい。北投の朝市もとても威勢がよかったが、基隆の安樂市場もそれに負けない活気がある。道の両脇にさまざまな店が並ぶ。服も、野菜も、雑貨もごちゃまぜ。道の中央にはパラソルが置いてあり、その下で果物を売るおばちゃんや、作りたての生ワンタンを売る少年などもいる。呼び込みの声につられて寄っていくと、見事なイカの照り焼きが並んでいる。つやつやに光ったイカの皮、ふっくらとした胴体の中にはもち米でも詰まっているのだろうか。見るからに美味しそうだ。試食できるものも多いので、それだけでお腹がいっぱいになりそう。

安樂市場の店を一つひとつ覗きながら散歩を楽しんでいると、人の多い素食麵の店に出くわした。素食……つまりベジタリアンフードということだが、〝旨い店のオーラ〟がある。食べ歩きをしていると、だんだん店の〝オーラ〟を見分けられるようになってくる。人だかりは一番わかりやすいサインだが、他にも店構えの古さだったり、店で働く人たちの笑顔や動きだったり。例えば、客が少なくても店員が多い場合、人気店であることが多い。客が押し寄せることを想定してスタッフを増やしているのだ。内装が古いから旨いかというと一概には言えない。内装が古く、いかにも老舗っぽい雰囲気も当たりのことが多いが、繁盛して内装を一新した場合もあるので注意が必要。内装がきれいでも、旨い店は旨い。

そして料理人の動きも重要だ。リズミカルにルーチンワークをこなしている店員がいる店は、人気店だ。常に忙しいので、機械的に客から注文を取り、手早く皿をいくつも並べ、テイクアウトもイートインもそつなくこなす。人気店は忙しいので、店員が多少無愛想な場合もあるが、そこは目をつぶろう。

安樂市場で私が「人気店だ」と認定した素食麵線の店。店名はないが、小さなカート屋台では、ふたりのおじさんが脇目もふらずに麵を茹でたり、皿に盛ったりしている。ひとりは黙々と作業をこなし、もうひとりは作業しながら演歌の鼻歌を歌っているが、手の動きはどちらも同じくらい速い。

素食の麵線とはなかなか珍しい。麵線といえば、牡蠣または豚の大腸と一緒にドロッとしたソースで煮込んだ蚵仔麵線《オアミエンシエン》や大腸《ダーチャン》麵線が一般的。でも、この店はベジタリアンフードしか出さないので、牡蠣も大腸も含まれていない。その代わり、豆腐を原料としたものを唐揚げにした素食チップスみたいなものが、麵線の上にたっぷりと盛られている。

素食麵線は、これまで食べたことがある蚵仔麵線や大腸麵線とは違って、すっきりとした甘味のある味だった。牡蠣や大腸などの具が入っていない分、麵の上に載った茶色いチップスのバリバリとした食感が楽しい。揚げ菓子のようなものだが、油っこ

安樂市場で人気の素食麵線、トッピングは大豆が原料のチップス

くはない。

一方、この店の最大の売りは香椿醬《シャンチュンジャン》というソースを使った麵である。メニュー表にはシンプルに「乾麵」とだけ書いてあるのだが、注文してみるとその独特な香りに最初はびっくりする。バジルのような、柚子胡椒《ゆずこしょう》のような、ツンと鼻をつく香り。白くて何の変哲もない乾麵なのに、緑色の香椿醬をよく混ぜた途端に別の食べ物になる。なんだろう、この風味……。どこかで嗅いだことが。もしかして、イタリアン？　そうだ、イタリア料理のジェノベーゼソースに近い洋風の味がする。香椿醬はパスタやフェットチーネと一緒に使ったら、ものすごく洗練されたイタリア料理になるかもしれない。鼻歌おやじとは対

極にある食べ物だけど、中華乾麺との組み合わせが意外にイケる！

この店は素食という点と、香椿醬の独特の風味が人気らしく、若い女性客が多い。隣に座ったOL風の20代女性が「面白いでしょう、ここの麵。私も最初はびっくりしたけど、食べているうちにやみつきになっちゃって。ときどき無性に食べたくなるの」と教えてくれた。

〝人気店オーラ〟は見破ることができたが、まさか演歌の鼻歌おやじからイタリアン乾麵が出てくるとは思わなかった。

廟前で発見、旨い米粉麵　朝・昼型　廟前

安樂市場のなかに、小さな廟がある。雑然とした市場のなかで、店と店の間の奥まった場所にあるので、ちょっと気づきにくい。福徳廟《フーダーミヤオ》というその廟の前には、長テーブルとプラスチックの椅子が並べてあって、朝ご飯を食べる客でほぼ満席になっていた。廟の入口にぶら下がる丸い赤提灯の他に、店の看板らしきものは見当たらない。ここも店名はないようだ。威勢も恰幅《かっぷく》もいいおばちゃんたちが4人で店を切り盛りしている。ひときわ力強いダミ声のおばちゃんが店長らしい。この店の看板メニューは

〝廟前に旨いものあり〟を体現する米粉麺

米苔目《ミータイムー》だ。

米苔目は字の通り、米粉で作った麺の一種。一般的な麺のように延ばしたり切ったりするのではなく、ところてんのように押し出したり、ホイップクリームのように絞り出したりして麺を作るので、断面が丸く、太くて柔らかい麺ができる。

私が座った向かいには、幼稚園くらいの女の子と若いおばあちゃんらしき女性が座っていた。私が米苔目を注文するのを見て、「この米苔目は美味しいのよ、うちの孫がよく食べたがるの」と笑った。台湾の朝市では、こんなふうに祖父母が孫を連れて朝ご飯を食べる光景をよく見かける。30代、40代の夫婦は働きざかりなので、台湾では祖父母が孫を預かるのがごく一般的だ。日本よりもその傾向は強く、嫁は当たり前のように孫を舅《しゅうと》や姑に預ける。孫は、おばあちゃんと一緒に廟前の米苔目の味や、市場のワンタンの味を覚えるのだ。小さな女の子は少しずつだが、箸を使って器用に米苔目をすっていた。

私の前にも米苔目が運ばれてくる。碗に丸っこい麺がたっぷりと入っている。少し透明感がある、白くてきれいな麺だ。具は刻んだ青ネギと紅葱頭《ホンツォントウ》（赤ネギを揚げたもの）だけで、至ってシンプル。でもほとんど色のないスープなのに、味がはっきりしていて美味しい！　ちゃんとコクがあって、単なるあっさりスープというわけでもない。一方で、米苔目はモチモチの食感。米の香りがふんわり漂う、優しい朝ご飯。これは、人気店だけのことはある。廟前に名店あり。この法則が基隆の朝市でも当てはまることに、うれしくなった。

塩粥と不思議な肉巻き　朝型

基隆では長いこと、観光名所である廟口夜市《ミャオコウイエスー》にしか行ったことがなかったのだが、少し足を延ばして地元民に人気の店を探ってみると、基隆グルメの底力がわかってきた。台鐵・基隆駅のすぐ近く、線路沿いの数ブロックに基隆独特のグルメが集約されたエリアがある。薄暗い路地裏もあり、店によってはちょっとハードルが高いのだが、台北では味わえない絶品が隠れている。

まずは早朝5時半からオープンしている「天天來鹹粥《テエンテエンライシエンジョウ》」という人気の塩粥店。市場の中でも、駅前でもなく、取り立てて何の特徴もない道路脇にある小さな店だが、平日の朝でも常に客が入っている。水分多めでさらっとした粥は、長時間煮込まれているため、米粒が原形をとどめないほど柔らかい。うっすらと色がついたスープに甘いキャベツがほんの少し入っているが、肉は入っていない。鹹粥（塩粥）は店によってさまざまで、粥の中にそぼろ肉が混じっているもの、粥の上に大きめな肉が載っているものなどもあるが、天天來はただの塩味の粥にキャベツだけ。1杯10元（約37円）の素朴でどこか懐かしい味。サイドディッシュには、店の看板らしい五香肉《ウーシャンロウ》捲《ジュエン》（揚げ肉巻き）を選んだ。

こんがりとキツネ色に揚がった肉巻き。いかにも旨そうである。だが、ひと口食べて「ん?」と、疑問符が浮かぶ。何だろう、この食感？　肉巻きという名の通り、肉が何かに巻かれた状態で揚げてある。中の肉は豚肉で、脂身も混じっていて美味しい。

でも、外側の皮が何なのかよくわからない。「これ何ですか？」と店員に聞いても、薄ら笑いを浮かべるだけで回答はない。しっかりと揚げてあるので、外側の食感はパリッとしているのだが、噛むとギュッと旨味がこぼれ出す。柔らかくて、モチモチした食感と、中の豚肉がよくマッチして、油の香りが甘く漂う。肉巻きの皿にはオレンジ色のソースと刻み生姜が添えてある。このソースと生姜と一緒に肉巻きを食べるのだろう。だが、実際にそうしてみると、ソースはものすごい甘さだった。五香肉捲本来の甘さも加わり、ソースと一緒になるとまるでスイーツ並みの甘さである。この店のソースを絶品だとほめる客も多いようだが、個人的にはソースなしのほうがずっと風味豊かで美味しかった。この五香肉捲は一皿35元（約130円）。粥と合わせて45元（約170円）。申しわけないくらい安価な朝ご飯である。

豚レバーの腸詰め　昼・夜型

台鐵の線路に近いところに「豬肝腸《ズーガンチャン》」という食べ物を売る店がある。台北では聞いたことがない食べ物だが、基隆人で知らない人はいないという。漢字からすると豚の肝臓？　腸？　店舗を構えているわけではなく、路地にちょこんと小さな屋台があ

基隆の地元民に愛されている豚レバーの腸詰め

るだけだとか。さっそく探しに行く。

すると、おばちゃんふたりが道路脇の小さな屋台で作業をしている。上からは赤と黒の入り混じったグロテスクな色の巨大ソーセージがぶら下がっている。飲食スペースはなく、客たちは通り沿いに車を停めて、サッと購入して立ち去る感じである。私も謎の豬肝腸なるものを1パック購入してみることにした。

屋台にぶら下がっているのは2種類。ひとつは赤黒いソーセージ。もうひとつは赤い豚肉の塊のようだ。豚肉は見慣れた香港式の焼《サオ》臘《ラー》（ロースト）豚肉。赤黒いソーセージは、腸詰めとは違うのだろうか？　屋台のおばちゃんは良心的で、「ひとりじゃそんなに食べられないでしょ、半分ずつにしてあげるね」

と、赤黒ソーセージと豚肉を半人前ずつポリ容器に入れてくれた。まず焼臘を一切れ楊枝《ようじ》で突き刺して食べる。うん、甘味があって、柔らかくて美味しい。次にソーセージを食べてみる。プリッとした夜市風の腸詰めの食感を期待していたら、ジュワッと柔らかい。これはふつうの腸詰めではない。噛んでみると、これは……この香りは……、豚のレバーだ。そこで初めて「豬肝腸」という名前の意味に気づく。なるほど、これは豚のレバーの腸詰めなのだ。つまり、レバーソーセージ。肝臓を腸に詰めちゃったのだ！　腸の中に詰まったぶつ切りレバーは、ある部分は柔らかく、ある部分は噛みごたえのある不思議な食感。一瞬、ひるんだが、これはクセになる。

このレバー腸詰め屋台は、すぐ隣で海鮮食堂も経営している。こちらは残念ながら定休日だったが、かなりの人気店らしい。「どうしてレバー腸詰め屋台の経営者が海鮮食堂をやってるの？」と尋ねると、腸詰めを切っていたおばちゃんは「いいじゃない、美味しいんだから」とゲラゲラ笑った。豚レバー腸詰めおばちゃんの海鮮料理、次回は必ず確かめなければ。

路地裏の行列店、最強のソーセージとモツたち　昼型　人だかり

台湾にいると、自然と豚好きになる。牛肉や鶏肉よりも、圧倒的に豚と巡り合う機会が多い。そして、台湾で食べ歩きをしていると、豚は、どの部位でも食べられるものだと気づく。もちろん、日本でも居酒屋や焼き鳥屋でモツは人気メニューだが、ごく一般的な部位を除けば、まだまだ珍味扱いではないだろうか。

台湾の白黒切は、豚の内臓を中心に、あらゆる部位を提供する。内臓だけでなく耳や尻尾《しっぽ》も、そしてちゃんと肉と脂身のあるバラ肉の部分も含まれる。これらをきれいに処理し、さっと湯がいたものを客の好みに合わせてスライスする。日本なら当然、居酒屋メニューとして成り立ちそうだし、酒なしでは食べられないと思うのだが、白黒切の店で酒も出しているところは、悲しいほど少ない。

基隆に、基隆人の誇りとも言うべき白黒切がある。「基隆孝三路大腸圏《ジーロンシャオサンルーダーチャンチュエン》」という路地裏の店だ。店名の由来となっているのは豚の腸にもち米を詰めた、もち米ソーセージ風の食べ物。別名を「糯米腸《ヌオミーチャン》」とも言う。夜市などで香腸《シャンチャン》（豚肉の腸詰め、台湾ソーセージ）と一緒に売られていることも多く、大腸圏をホットドッグの要領で半分に切り、中に香腸を挟んだ料理まである。「香腸in糯米腸」というわけだ。でも、

大腸圏は夜市のスナックというより、居酒屋のつまみという気がしてならない。

基隆孝三路大腸圏は、基隆で最高の人気を誇る大腸圏を供する。路地裏の店は改装したばかりできれいだ。朝10時頃に開店し、夕方売り切れと同時に閉店となるが、その間、行列が途絶えることはない。広くて清潔な飲食スペースもほぼ満席。

店頭で忙しく包丁を動かし、あらゆるモツや大腸圏をスライスしている丸顔の男性が店長だろうか。彼の前に置かれた大きな金属製の蒸籠には、モツや大腸圏が山のように積まれていて、湯気をかぶりながら客に呼ばれるのを待っている。店長が注文を受けて蒸籠から取り出すモツたちは、どれも艶やかに輝いていて、ふっくら美味しそうだ。

白黒切を出す店や屋台の多くは、モツをキッチンカウンターのガラスケースに入れている。つまり、冷めた状態で置いてあって、注文を受けたらスライスして出すか、一度さっと湯にくぐらせてから出す。この店のように、ずっと蒸籠の中で温め続けている店はあまり見たことがない。

どの客も山盛りのモップレートを手に席につく。私はチャレンジ精神を発揮して、蒸籠の中でなるべく見たことがない部位を注文してみる。とりあえず看板の大腸圏は

路地裏の超人気店、「基隆孝三路大腸圏」の腸詰めと豚モツ

外せないとして、あとはピンク色が美しい部位と、黒いまだらの部位を選んだ。聞けば、心臓（ハツ）と肺（フワ）だという。
この店の大腸圏は看板にふさわしく、もち米がフワフワに柔らかくて香ばしい。もち米の中に天然香料が混ざっているらしく、しっかり味が付いている。これは美味しい！　次に黒いまだらの肺をいただく。なんだ、この食感は⁉　はんぺんのようにフワフワ！　それでいて、弾力もあり、歯にしっかりと感触が残る。すごい！
肺は食感がフワフワしているから、日本では「フワ」と呼ぶのだと聞いたことがある。それにしても、この食感はまるで異次元だ。最後にピンク色の心臓。こちらは肺よりも歯ごたえがあるが、やっぱり柔らかく、適度な弾力がある。豚の鼓動が聞こえてきそうな鮮度。すばらしい。

このモップレートに添えられたタレがまたいい。台湾独特の甘味が強いタレよりも上品で、日本の焼鳥のタレに近い。そこに赤い辛味調味料と生姜の千切りを混ぜていただく。う〜ん、基隆のモップレート、恐るべし。こんな白黒切、食べたことがない。店長に「なぜこんなに美味しいの？」と詰め寄ると、彼は苦笑して「鮮度ですよ」と答えた。「うちのモツは、絶対に当日に売り切ります。今朝さばいた素材を、その日のうちに提供して、翌日まで持ち越さないんです」と笑う。いや、参った。間違いなく、〝マイベスト・モツ〟の誕生である。

老舗屋台に負けないアナゴ餡かけスープ　朝・昼・夜型

基隆には紅焼鰻魚羹《ホンサオマンユーゲン》という名物屋台料理がある。アナゴに衣を付けてカラッと揚げ、これをとろみの強い餡かけスープで煮込む。上には香菜がたっぷりと盛られている。香菜嫌いの人は「入れないで」と頼めば除いてくれるが、香菜も〝込み〟で完成する味だと私は思う。シンプルだが甘味が強く、濃厚で、一度食べると忘れられない体験になる。

このアナゴ餡かけスープの元祖は、基隆廟口夜市の「圳記紅燒鰻魚羹《ゼンジーホンサオマンユーゲン》」という屋台だ。扱っている料理はこの一品のみ。常に行列が途絶えない基隆の人気ナンバーワン屋台で、おそらく台湾中で知らない人はいない。ただ、材料がアナゴなだけに、値段はちょっと高めである。

だが、紅燒鰻魚羹は他の店でも食べられる。台湾ではよくあることだが、ある土地で、Aという食べ物が売れると、二匹目のドジョウを狙って同じ土地でAにそっくりな食べ物が売られるようになる。そのうち、三番手、四番手が出てきて、Aは地域の名産となることも少なくない。観光客がAを求めて押し寄せる頃には、どの店がAの元祖なのかわからなくなってしまう。淡水の阿給もそうだし、九份の芋圓《ユーユエン》(タロイモ団子)もそうだ。基隆では紅燒鰻魚羹がそんな名物料理に当たる。元祖を食べるに越したことはないが、値段も高めだし行列に並ばなければならない。それなら、同じものを扱う別の店も選択肢だ。

基隆の隠れグルメ地区に、そんな店がある。「遠東紅燒鰻魚羹《ユエンドンホンサオマンユーゲン》」だ。広くて小ぎれいな店舗を切り盛りしているのは、ちょっと不機嫌そうなおじさんひとり。不機嫌そうなのは、きっと忙しいからだろう。営業時間を聞いたら「今話してるヒマないから」とぶっきらぼうに言われた。でも、しばらくすると私のテーブルにやってきて名刺を差し出し、朝8時半からやってるから」と不器用な笑顔を見せた。なかなかいい人だ。

この店は、紅焼鰻魚羹の老舗屋台に負けず美味しいとの定評があるのだが、私はあえて排骨餡かけスープのほうを注文してみた。紅焼鰻魚羹のアナゴが骨付き豚肉になったもの。餡かけスープの中に衣を付けて揚げた豚肉が入っているわけだ。値段はアナゴよりも20元安い50元（約190円）で、お得感がある。運ばれてきた紅焼排骨羹《パイグーゲン》は、とろみスープがあっさりしていて飲みやすい。やたらと甘ったるくないのがいい。あの超有名屋台はやや甘すぎるので、スープはこの店のほうが好みである。それに、排骨も食べごたえがあるし、穴子のように骨を気にせず食べられるのがいい。たっぷり載った香菜も配点が高い。さらにボリュームがほしい場合は、餡かけスープに好みの麺（粿仔や米粉）を加えることができる。お得感、満腹感に加えて安さと手軽さを求めるなら、有名屋台よりもこちらがお薦めだ。

港のエンターテイメント、碧沙魚港　朝・昼・夜型

基隆は北台湾最大の港町。そんな基隆にふさわしいエンターテイメントがある。基隆市内からタクシーで15分ほど、バスなら15元でたどり着ける海辺の基隆碧沙魚港《ビーサーユーガン》。ここは〝食べる〟というより〝遊ぶ〟つもりで訪れるとなかなか楽しい。台湾各地にこうした観光漁港がある。碧沙魚港はやや小規模だが、基隆市内の穴場グルメや廟口夜市を堪能するついでに寄るといい。大きな駐車場も完備されているため、週末は基隆近郊や台北の家族連れで賑わう。

碧沙魚港の建物内にはレストランエリアと市場エリアがある。市場エリアには生簀《いけす》がたくさん並んでおり、ピチピチの魚や、得体の知れない貝、見たこともないような巨大なエビがウヨウヨいる。そんな生簀をぐるりと見学するだけで、十分に楽しい。段々畑のようになった生簀の階段の間では、若いお兄さんたちが「ほら見てって！新鮮だよ！　美味しいよ！」と声を張り上げている。他にも、魚のすり身団子やら、魚鬆《ユーソン》と呼ばれる「でんぶ」のふりかけ、さきイカなどのドライ品も扱っているので、お土産にもいい。試食も楽しい。

大人数ならば、生簀で魚や貝を購入し、これを近くにある「海味鮮餐廳《ハイウェイシエンツァンティン》」など

のレストランで調理してもらうといい。この方式を代客料理《ダイクーリヤオリー》という。２、３人のグループ旅行の場合は、市場を冷やかした後、購入した大きな魚や貝を持参して直接レストランに行き、料理を注文したほうがお得。貝の炒め物やスープ、魚の姿揚げなど、豪華な一品料理は見た目も迫力たっぷりだし、新鮮で美味しい。

とはいえ、見物するだけでも十分楽しめるのが台湾の観光漁港なのである。

コラム⑨

人気の九份に泊まり、瑞芳で朝粥を

オプショナルツアーで、人気の九份《ジョウフエン》に行ってみたら、あまりの混雑に愕然《がくぜん》……、という経験はないだろうか？　満員電車のような人混みに、かつての九份の趣はない。

ならば思い切って九份に泊まり、夜更《よふ》けや早朝の風情を楽しんだらどうだろう。九份の茶芸館（伝統カフェ）のなかには、深夜近くまで営業する店もある。台北に帰ることを心配しなければ、夜、静かにお茶を飲んだり、ゆっくり路地裏散歩を楽しんだりできるのだ。

「櫻沐居《インムージュー》」は、九份の路地からさらに坂道を上ったところにある新しい民宿だ。ゆったりとした清潔感のある部屋は台北市内の高級ホテルと変わらない。九份でもかなり高台にあるので、2階の部屋から一歩出れば、バルコニーから海に浮かぶ島々を一望できる。オシャレなウッドデッキでコーヒーを飲みながら、朝もやの中の九份を眺めるなんて、泊まった人にしか味わえない特典だ。

「櫻沐居」2階バルコニーにはハンモック式チェアー

この民宿のオーナー、史文《シーウエン》彬《ビン》さんは20代の香港人。ストレスの多い香港での生活に疲れ、九份に移住してきたという。香港人から見ると、台湾は食べ物が美味しく、人が親切で、のんびりとしていて暮らしやすそうに見えるらしい。そこには中国本土からの圧力も見え隠れしている。

早朝の九份散歩を堪能したら、バスで瑞《レイ》芳《ファン》駅まで下りてみる。九份から台鐵の瑞芳駅まではバスで20分ほど。この駅前に絶品の朝ご飯が待っている。瑞芳駅前でダントツ人気を誇る米粉と肉焿（肉のすり身の餡かけ）の「梅《メイ》」という店だ。テイクアウトの客が多く、朝から人だかりができている。

ベッドはゆったり。窓も大きく開放感がある

この店の米粉炒めは、かなりシンプル。少し歯ごたえが残る、ちょうどよい炒め具合の麺に、肉汁がかかっているだけだ。でもニンニクの香りが漂う濃いめの肉汁を米粉とよくからめて、卓上にある辛味ソースをほんの少しだけ加えると、グッと深みのある味になる。これはいい。

そして肉焿餡かけスープ。こちらは白米をプラスして粥にもできる。どんぶりに白米を入れ、その上から餡をかけた、雑炊に近いもの。このほうが、白米が水分を吸いすぎず、サラサラと食べやすい。大きな肉のすり身がゴロゴロと入っている。スープは朝ご飯にふさわしくあっさりしているが、肉はしっかりした味付け。すばらしいバランス感覚だ。

第７章

台湾第２の都市、高雄の旨いもの

左營、美麗島

台湾新幹線の終着地点、左營

知られざるグルメゾーン

台湾第2の都市、高雄《ガオション》は広い。高雄市は台北市よりもずっと広く、人口は台北市よりわずかに多い。色々な意味で台湾第2の都市なわけだが、高雄と台北には距離があるので、互いにライバル意識はあまりないように思う。いや、距離があるといっても、東京と大阪が500キロ離れていることを考えれば、台北と高雄は350キロ。そう離れているとは言えない。それでも、なんだかすごく離れている気がするのは、台北は北京語率が高いのに対し、高雄は台湾語が飛び交っているために、文化的な距離感があるせいか？　それとも、台北よりぐっと気温が高く南国ムードだからか？

台北は相変わらず地方出身者の集まりで、一人ひとりには色々なコンプレックスがありそうだが、街として高雄の存在など気にしていないようだし、高雄は高雄で昨今の発展はめざましく、何もかもが台北より新しく、洗練されているという自負がある。

いずれにしても、高雄は広すぎて、台北以上に食べ歩きが難しい。美味しい店は高雄市中に分散しているのに、高雄のMRTは橘《ジュー》（オレンジ）線と紅《ホン》（赤）線のたった2本。だから訪れる際はエリアを絞って、集中的に美味しいもの探しをすべきだ。

そこで目をつけたのが、左營《ズオイン》区というエリア。左營は台湾新幹線の終着駅の名前なので、知っている人も多いはず。「左營駅」という名前から高雄を連想しにくく、最初は「それ、どこ？」と戸惑う。でも、新幹線の左營駅はMRT紅線と直結しているので、市内へのアクセスは便利である。台南や嘉義など、新幹線の駅が市内からはるか遠くにポツンとできて、新幹線を降りてから右往左往するようなことはない。

MRT左營駅から巨蛋《ジューダン》（ビッグエッグ）駅までのエリアが高雄市左營区に当たる。海に近いのだが、港は軍港があるので立ち入り禁止となっている。海岸へ近づくほど物々しい雰囲気があるが、巨蛋駅周辺には美味しいものが集まっている。

左營は外省人が多いエリアとしても知られる。外省人とは、第二次世界大戦後に蔣介石《しょうかいせき》とともに海を渡った中国国民党と軍隊、そしてその家族のこと。戦前から台湾本土に暮らす本省人とは、言葉、文化、飲食の習慣なども異なる。戦後、左營には眷村《ジュンチエン》と呼ばれる外省人コミュニティができ、軍人とその家族はこの閉鎖的社会のなかで暮らした。今はもう、ほとんどの眷村が取り壊されてしまったが、外省人の食文化はけっこう残っている。

朝ご飯はバラエティお焼きサンド　朝型

豆漿店に必ずあるメニューのひとつ、焼餅。ヤキモチではない、サオビンと読む。パイ生地のようなサクサクした食感のパンで、これだけでは味がほとんどないのだが、それ故に他の食べ物との相性がとてもいい。私のお気に入りは、焼餅に油條《ヨウテヤオ》を挟んで豆漿に浸して食べる、というものだが、焼餅に卵焼きを挟む人もいるし、ハムやブロッコリースプラウトを挟んで洋風にアレンジしている朝ご飯屋さんも見たことがある。左營にも、人気のオリジナル焼餅朝ご飯があると聞いて、訪れた。

片側2車線の大きな道路沿いに「海青王家焼餅店《ハイチンワンジャーサオビンデエン》」はあった。タクシーの運転手さん曰く、トラックやタクシーなどのドライバーが、朝ご飯にちょっと寄って買っていくという。早朝5時半開店だが、11時過ぎには店じまいしてしまう。

焼餅専門店ではあるが、豆漿はちゃんと置いてある。豆漿も焼餅も台湾で独自の進化を遂げて、今やすっかり定番の朝ご飯になっているが、もとをたどれば中国本土の食べ物である。外省人が多い左營区に豆漿や粉物の店が多いのもうなずける。店頭で

パイのようなパンに、たくさんの具を挟む「海青王家焼餅店」の焼餅

はおばちゃん数人が忙しそうに手を動かし、焼餅を焼いたり、具材を挟んだりしている。店内に飲食スペースはなく、店の外の歩道にふたつほどテーブルが置いてあるだけだ。テイクアウト客がほとんどなのだろう。

　この店では焼餅をパカッと開き、自助餐並みに並んだ野菜や豆などの具材タッパーからお好みのトッピングを詰める、「口袋餅《コウダイビン》」（ポケット焼餅）が人気だ。そぼろ肉、煮込み角切り豆腐、煮豆、もやし、白菜の漬物、きゅうりの漬物、さらには目玉焼きまで並んでいる。全部詰めるのが「總匯《ゾンホエ》焼餅」らしい。私はこの全部載せ、いや全部詰めのミックス焼餅に決めた。最後におばちゃんが「写真撮るなら、きれいなほうがいいでしょ」と微笑みながら、グリーンピースと赤唐辛子を載せて色を添えてくれる。カラフルでぐっと可愛くなる。この店には、なぜか英語が堪能なおばちゃんがひとりいて、外国人にはとても親切に道案内をしてくれる。「次はどこへ行くの？　駅？　市場？　それならこの道を真っ直ぐよ！」と説明する英語の発音が、やけにきれいだ。なのに、あまり語彙《ごい》力はないとあって、ところどころに北京語や台湾語を混ぜてくるのがご愛嬌。道案内なんて言葉よりも誠意のほうが大事なのだ。

　そんなおばちゃんが手渡してくれたのは、サクサクとした焼餅の中にたくさんの具が入ったポケット焼餅。もやしのシャキシャキした食感、豆腐の香り、豆の歯ごたえ……。次から次へと味が変わり、食感が変わって楽しい。卵好きとしては、目玉焼きが入っているのもうれしい。野菜もたっぷり摂れるからヘルシーだ。

左營第二公有市場、演歌おやじの肉燥飯　朝・昼型

　ポケット焼餅のある左營大路《ズオインダールー》をひたすら北へ進むと、「左營第二公有市場《ディアーゴンヨウスーチャン》」がある。小ぢんまりとしているが、レベルの高いグルメ市場として地元の人たちから圧倒的な支持を得ている。私が訪れたときはちょうど台風に当たってしまい、市場も半分以上

の店が閉まっていたのだが、それでも営業している店が何軒かあった。

市場の一角に、大音量で日本の演歌を流し、調理場に立ちながら熱唱しているおじさんがいた。ノスタルジックな朝市食堂と、きっと私が生まれる前に日本で流行したと思われる演歌を熱唱するおじさんが似つかわしい。この店は肉燥飯《ロウザオファン》と肉羹湯《ロウゲンタン》（豚肉の餡かけスープ）の「老施炭焼肉燥飯《ラオシータンサオロウザオファン》」という。肉燥飯は魯肉飯と同じもの。台湾北部で魯肉飯と呼ぶものを、南部では肉燥飯と呼ぶ。なかには「ひき肉を煮込んで白米の上にかけたものが肉燥飯で、豚の角煮を煮込んでから細切れにして白米にかけたものが魯肉飯」という意見もあるのだが、台湾全土で魯肉飯を食べ歩いてみた私は、北部・南部で呼び方が分かれているという説を支持したい。

演歌おやじは歌だけでなく、日本語も達者だった。私が日本人だとわかると「あんた日本人？　日本のどこ？」なんて、なかなか流暢《りゅうちょう》な日本語で親しげに話しかけてくれる。「俺はね、お母さんが日本人、お父さんが台湾人。お母さん、愛知の人」という。それで古い演歌と日本語なのか。左營の市場でこんな出会いがあるとは。

「うちの肉燥飯、食べてみてよ、旨いから」と言いながら、さっそく看板メニューの肉燥飯と肉羹湯を運んできてくれた。肉燥飯は炭火焼きで、独特の香りが食欲をそ

左營第二公有市場「老施炭焼肉燥飯」の肉燥飯（魯肉飯）と肉羹湯

そる。小さな碗に白米、そしてたっぷりの炭火焼き肉と酸菜が載っかっている。「台北に魯肉飯あり、嘉義に雞肉《ジーロウ》飯あり、高雄に焼肉《シャオロウ》飯あり」と言うくらい、高雄には焼肉飯が多い。魯肉飯のそぼろ肉の代わりに、照り焼きのような味付け肉が載っているものだ。焼肉飯は炭火焼きにしてあることが多いので、その流れで演歌おやじの肉燥飯も炭火焼きなのかもしれない。脂身少なめ、歯ごたえがある肉だ。肉羹湯はスープのようなかたちで出てくるのだが、とろみが強すぎてスープというより餡かけの中に肉が入っている感じ。餡かけは甘すぎず、香菜もたっぷりで爽やかだ。

驚愕！　名もなき店の絶品酸辣湯と迫力乾麵　昼型　人だかり

日本ではあまり見かけないが、台湾で人気のフルーツがある。断面が星形になっていることでその名が付いた「スターフルーツ」。北京語では「楊桃《ヤンタオ》」と言う。そのまま食べるよりもジュースとして普及している。左營第二公有市場のある通りをさらに北へ進むと、これでもかというくらい、スターフルーツの飾り付けが施されたジューススタンドがある。このスタンドの脇道を入ると、廃墟のような建物に、何十人もの人だかりができている。ここは名前も住所も電話もないが、地元の人なら誰もが知っている酸辣湯と乾麵の店である。

ファミリービジネスなのか、店内のカウンターや厨房では、ひっつめ髪に厳しい顔つきのおばちゃんを筆頭に、ちょっと優しそうなおじちゃん、パッとしない息子、気が強そうな嫁などが忙しく動きまわっている。ひと目見て家族構成と権力バランスが見えてきそうな、ドラマ「渡る世間は鬼ばかり」的なファミリーだ。間違いなく、一番えらいのは、おばちゃんである。

この店は、集まっている客の数といい、地元感たっぷりの客層といい、建物の傾き加減といい、店員の忙しさといい、〝名店オーラ〟満載である。どの客も酸辣湯と乾麺を頼んでいるので、私もそれに倣った。おどおどしながら列に並ぶと、親切な客が「お姉さん、先に席を確保したほうがいいよ」とアドバイスしてくれる。なるほど、店内は満席だ。ようやく空いた席を見つけてカバンで席取りをし、ふたたび列へ。

酸辣湯は一種類しかないが、乾麺を注文したときに、ひっつめ髪のおばちゃんがキッと顔をこちらへ向けて「麻醤《マージャン》（ゴマダレ）と肉絲《ロウスー》（豚肉の醤油ダレ）のどっち⁉」と聞く。「うっ」と一瞬回答に詰まり、「肉……、肉絲」と答える。すると、私のあとから来たふたりが立て続けにゴマダレを頼んでいる。しまった、もしかしてゴマダレのほうが定番なのか？ いやいや、店内を見渡すと、どちらも人気らしく、注文率は半々である。

それにしても、賑やかな店だ。喧々囂々《けんけんごうごう》たる店内。聞こえてくるのは〝渡鬼ファミリー〟の怒鳴り声。奥で洗い物をしているのか、食器がぶつかり合う音の合間に、注文を取ったり、確認したり……という大声が飛び交う。ひっつめ髪のおばちゃんと嫁は仲が悪いのだろうか、何やら怒鳴り合っているように聞こえるが、台湾語なので内容はよくわからない。ビクビクしながら待っていると、優しそうなおじちゃんが酸辣湯のどんぶりを運んできてくれた。壁のメニューには30元（約110円）とある。こ

店名のない大人気店の酸辣湯。店舗はワイルドだが、味はマイルド

同店の乾麵はまさに庶民の味

の大きさで30元? 何かの間違いじゃないだろうか? どんぶりの縁から溢れんばかりの量である。見た目は日本で食べる酸辣湯と変わらず、白菜、ニンジン、シイタケなどの具がふんだんに入っている。胡椒もたっぷり振られていて、酸辣湯の模範解答みたいである。具だくさんの酸辣湯をひと口すする。「おぉ! まろやか!」というのが最初の感想。酸辣湯の「酸」があまり感じられず、素直に喉を通る。これはいい。とんがった酸味の酸辣湯も嫌いではないが、この店の人気の秘訣は、おそらく上品でまろやかな、酸味を抑えたこの酸辣湯だろう。

そこへ、やはりどんぶりに入った乾麺がやって来た。しっかりとコシのありそうな黄色くて細い麺の上に、煮込みひき肉がたっぷりかかっている。ぶつ切りの青ネギもいい感じ。乾麺は食べる前に下の方から掘り起こしてしっかりと混ぜるのが基本。私は麺の中に箸をぐらせて発掘作業に入った。すると、麺の下に隠れていた醬油ダレと肉汁が出てくる、出てくる……。これはすごい。乾麺だが汁気はたっぷり。黄色い麺が茶色くなるまでしっかりと混ぜて、大きめのそぼろ肉、ネギとともに頬張る。

すごい、この力強い味! 味付けはやや濃いめだが、万人受けしそうな、間違いのない醬油味。まろやかな酸辣湯との相性もいい。乾麺を半分くらい食べ進めたところで、もうひとつのゴマダレが無性に気になってきた。どんぶりの酸辣湯とひき肉たっぷりの乾麵を前に、唸る。ああ、ゴマダレってどんなだろう……。またしても、次回の課題ができてしまった。

卵入りパパイヤミルクとフレンチトーストサンド　昼・夜型

左營大路は美食の宝庫だ。朝市あり、無名の渡鬼ファミリー食堂あり。そしてもうひとつ、女子にうれしいものを発見した。フレンチトーストのサンドイッチである。フレンチトーストは日本のファミレスでも食べられるが、台湾のそれはちょっと違う。フレンチ度が低いというか、あくまで台湾風というか。こんがり焼色のついたフレンチトーストにメイプルシロップをかけて、白いプレートで召し上がれ……というわけにはいかないのである。

「老牌牛乳大王《ラオパイニョウルーダーワン》」というのが店の名前。フレンチにはほど遠い、純台湾風のドリンクスタンドだ。店頭には「５００㎖　木瓜牛乳　栄養飲料」とある。壁のメニューにずらりとトーストサンドが並んでいるのだが、そのなかに「蛋炸吐司《ダンザートウースー》」という見慣れない文字。「卵を付けて揚げたトースト」という意味で、これがフレンチトーストらしい。フレンチトーストは、確かに卵を付けて焼いたパンだから、間違いではない。この店の名物は、フレンチ風に卵を付けて、いったんカラッと揚げたトーストでサンドイッチを作るというもの。これは楽しみである。私はあえて、フランス食文化と台湾食文化の融合が期待される、フレンチトーストの肉鬆《ロウソン》サンドを注文してみた。先述の通り、肉鬆は豚肉のでんぶ、台湾では一般的なふりかけ的存在である。

日本のフレンチトーストよりもたっぷり卵を含ませて油で揚げた、フレンチトーストの高カロリーバージョンみたいなものに、肉鬆を挟んだ代物がやってきた。これは、ランチというより、おやつだ。甘い。肉鬆自体、かなり甘味があるので、フレンチトーストとはマッチしているが、10人中8人が「コレはおやつ」と断定しそう。

加えて、ドリンクに「パパイヤミルク卵入り」を注文。甘いパンと甘いドリンクの組み合わせは微妙かもしれないが、ドリンクメニューのひとつ目に書かれた「木瓜《ムーグア》牛奶加蛋《ニョウナイジャーダン》」（パパイヤミルク卵入り）を、どうしても飲んでみたくなったのだ。ためらいながら「卵入り」を頼むと、おばちゃんが「けっこう美味しいんだから、飲んでみなさいよ」と言う。

甘い台湾風フレンチトーストサンドを頬張りながら、パパイヤミルク卵入りをひと口。おお！　まろやか！　パパイヤ本来の青臭さがすっかり消えてなくなっている。パパイヤの甘味とフルーティーな香り、そして濃厚なミルクの風味だけが凝縮されたパパイヤミルク卵入り。これは飲みやすい！　パパイヤが苦手な人も、これならグイグイいけるだろう。

おでんとニラ揚げのある廟前食堂　昼・夜型　廟前

左營の第二公有市場の裏手にも、こぢんまりとした廟がある。それほど大きくはないが、市場に買い物に来る客や近所の人たちがフラッと気軽に立ち寄れる、そんな廟だ。その廟前にデンと構えるのが「舊城傳統美食《ジョウチエンチュアントンメイシー》」という名の廟前食堂。赤で統一された古めかしい店構えがいかにも懐かしく、親しみやすい印象を与える。廟と並んで続く赤いトタン屋根も可愛らしい。ここには、ありとあらゆる台湾小吃が揃っている。屋台ではないが、色々な屋台料理が試せるオール・イン・ワン食堂である。

店頭には揚げ物とおでんのカートがあり、人のよさそうなおばちゃんやお兄さんが、愛想よく迎えてくれる。揚げ物は、自分で好きな食材をボウルに取り分けると、お兄さんが仕上げにカラッと揚げてくれるらしい。おでんの大鍋には、魚のすり身団子、豆腐、竹輪、野菜など、色々な具材が温まっている、これは旨そうだ。

私は、揚げ物エリアで豪快なニラの丸ごと揚げとサツマイモ揚げを選び、おでんエリアで味の染みた大根と練り物を選んだ。他にも米粉や臭豆腐など、まさに台湾の「伝統」と言える大衆美食がずらり。

廟前食堂「舊城傳統美食」のおでん

ニラの丸ごと揚げ。これは豪快である。よくスーパーで売られているようなニラの束にそのまま衣を付けて揚げてある。ガブリといくと、口の中いっぱいにニラの香りが広がる。ニラは大好きなので私はまったく構わないが、たぶんこれ、周りの人には相当臭うんだろうな……。サツマイモは、素材の甘さと胡椒のピリ辛がよい感じにマッチしている。さらに珍しいのが糯米腸の揚げ物。これまでは煮たり蒸かしたりしたものしか食べたことがなかったが、揚げるとさらにもち米の粘度が上がり、周りの腸がカリカリになって香ばしい。

真夜中の豆漿とシュガードーナツ　夜型

これまで述べてきたとおり、豆漿は朝ご飯として台湾人の食生活を支えている。でも、実は夜食としてもかなり頼れる存在なのだ。豆漿店のなかには、早朝から昼まで営業し、また夕方から夜中過ぎまで営業するという店も少なくない。

左營大路と巨蛋駅の間の大通り沿いに、「林記豆漿店《リンジードウジャンデエン》」はある。台風の影響で激しく雨が降る夜更け、早くどこか店に入りたい……というときに出合った。店内は広く、店員も多い。人気店であることがうかがえる。大雨だというのにけっこう客が入っている。

鹹豆漿（塩味）を頼んだ。「辛いの入れる?」とおばちゃんに聞かれて、「少し」と答える。素直な塩味の効いた温かい豆漿に、フワフワの油條が浮かんでいる。辛味調味料を少し入れたので、白い豆漿に赤い花が咲いたように見える。夜更けに鹹豆漿って、いいなあ。こんな夜食が家の近所にあったら、徹夜仕事だってはかどりそうだ。

豆漿を買うときに、カウンターに並んだパンやお焼きの中からドーナツらしきものも、ひとつ購入した。砂糖がたくさんふりかかった、ねじれパンのような形のドーナツ。塩気には甘味も必要である。このねじれドーナツ、ふわっと揚げたてで、ほのかに温かい。触るとフワフワなのに、噛んでみるともっちりとしていて美味しい！　それに、生地に何か練り込まれているらしく、フルーティーな香りもある。砂糖がふりかけてあって当然甘いのだけど、なんとも自然な香ばしさがあり、いくらでも食べられそうだ。

絶品！　カリカリの味付け鶏唐揚げ　昼・夜型　人だかり

その林記豆漿店の並びに、この界隈ではちょっとした行列店がある。こちらは飲食スペースがなく、販売のみ。１００パーセントお持ち帰り専用。だから私は、豆漿店に入る前にこの店の「鹽酥雞《イエンスージー》」を購入し、豆漿店で食べようと決めていた。「鹽酥雞」は塩で味付けした鶏の唐揚げのこと。黄色い看板が目印で、台湾全土、どこにでもある。夜市内には必ずあるし、夜市でなくても、突然こんなふうに路上に現れる。基本的にテイクアウト専門なので、屋台ひとつで商売ができるというわけだ。

鹽酥雞の屋台に行くと、鶏肉だけでなく、野菜や豆腐製品など、色々な具材が並んでいる。客は籠の中に好みの具材を選んで入れる。例えば、インゲン豆を揚げてほしければ、インゲン豆を1本だけ籠に入れる。そうすると、インゲン豆1人前を唐揚げにしてくれる。他の具材もすべて同じ。逆に、インゲン豆3本だけの注文はできない。すべて1人前の分量が決まっているのだ。だから5、6品頼むと、けっこうな量になる。ひとりでは食べきれない。

鹽酥雞は若者の夜食の定番だが、ビールのつまみとしても最高だ。受験生の夜食にもなり、お父さんの晩酌のお伴にもなる。「第一家《ディイージャー》鹽酥雞」というこの店は、行列の途絶えない人気店で、素材も美味しいし、味付けもちょうどいい。鹽酥雞は、どの店も素材が似通っているのだが、使っている油や素材の鮮度などで、仕上がりの味に差が出るのだ。

茶髪の青年ふたりが手慣れた様子で大きな油鍋を操り、注文したインゲン豆や鶏肉をカラリと揚げてくれた。雨の中、店頭で待っている時間がずいぶん長く感じられるが、カリカリに揚がった鹽酥雞の温かい紙袋を手にすると、喜びもひとしお。紙袋をゴソゴソと探り、唐揚げを長い竹串で刺していただく。胡椒の効き具合、塩加減、そしてジューシーな肉の味。カラリと揚がったインゲン豆や鶏肉の食感がたまらない。ああ、ビールがあればなあ、と切実に思いながら、温かい豆乳をすすった。

半額タイムのある酸白菜火鍋　昼・夜型　酒あり

左營に絶大な人気を誇る鍋の店がある。「酸白菜火鍋《スアンバイツアイホオグオ》」という、中国東北地方の鍋である。どこにでもあるというわけではないが、台湾全土でなかなか人気がある鍋だ。鍋の形がちょっと変わっていて、中央からニューッと煙突のような長い筒が突き出ている。

この鍋の決め手は、酸白菜と呼ばれる中国東北地方の漬物である。そのまま食べると酸味と塩気がとても強いので、調理して使う。炒め物や煮物に入っていることもあるし、こうして鍋の具材にもなる。

「劉家《リヨウジヤー》酸白菜火鍋」は左營の外れにあるので、ちょっと徒歩では行きづらいが、絶対に足を運ぶ価値がある。時間帯によって半額になるハッピーアワーが設けられているのもうれしい。私は閉店ギリギリの午後10時頃訪れたのだが、午後2時半～4時半、そして9時～10時半は、鍋がすべて半額になる。2人前なら、小鍋520元のところ

左營の外れにある大人気店、「劉家酸白菜火鍋」の白菜鍋

が２６０元（約９６０円）になるのだ。ビールをプラスしたって３００元ちょっと。これはハッピーアワーを狙うべきだろう。

酸白菜火鍋は水を張った浅い皿の上に鍋を置く。鍋には標準アイテムの酸白菜、豚の薄切り肉、魚のすり身団子、湯葉揚げ、冷凍木綿豆腐が含まれる。特にがっつり食べたい、という場合以外はこれで十分だろう。

火鍋はすでに煮込まれた状態で出てくるのですぐに食べられるが、味がなじむまで10～15分は待ちたい。時間が経つほどにスープがまろやかになる。まずスープを、小さな碗によそっていただく。酸っぱい！でも最初のうちはとんがっていた酸味が、煮詰まると、どんどんまろやかな甘味に変わっていくのだ。

佐料區《ズオリヤオチユー》と呼ばれる調味料のセルフコーナーで、好みのタレを選ぶのもいい。お薦めはゴマダレ。さっぱりとした酸白菜火鍋には、濃厚なゴマダレがよく合う。辛味調味料、ニンニクなども置いてあるので、自分好みに味を調整してみるのも楽しい。

グツグツ煮詰まってきた酸白菜火鍋は、じわりと旨味が出て絶品鍋となった。何をおいてもスープが旨い。それに豆腐好きとしては、冷凍木綿豆腐や湯葉揚げもたまらない。冷凍木綿豆腐は普通の豆腐よりも味が染み込むので、噛むと豆腐からジュワッと汁が出る。アチ！　でも美味しい。湯葉揚げはパリパリとした歯ごたえが楽しいし、汁が染みて柔らかくなったところもまたいい。高雄が涼しくなるのは1月から2月にかけて。その頃にまた来たい。

瑞豐夜市の鴨肉巻き、激辛チキン、鶏手羽チャーハン詰め、etc. 夜型

台北の夜市といえば士林夜市、高雄の夜市といえば六合《リヨウハー》夜市……、というのはもう古い。高雄に新しくできた凱旋《カイシユエン》夜市？　いやいや。高雄の本当に面白い夜市は、「瑞豐《レイフオン》夜市」だ。MRT巨蛋駅から徒歩3分。立地もよく大規模だが、何より創意工

夫に満ちた料理が多いことで有名。地元高雄人にも人気があり、六合や凱旋といった大きな夜市よりも美味しい、と隠れファンが多いのだ。

通り沿いに夜市がある、というよりも、サーカスのようにエリアを囲み、その中で夜市が開催されているといった様子。小さな屋台が所狭しと並んでいて、若者や地元の人たちで賑わっている。初めて訪れる夜市は楽しい。

まず目についたのは、派手な黒と赤のＴシャツを来た茶髪のお兄さんが立っている「悪魔雞排《アーモージーパイ》（悪魔のフライドチキン）」。なんで悪魔なのか？　そう、激辛なのである。辛さの違う３種類のチキンがあるらしく、悪魔チキン、悪魔椒鹽《ジャオイエン》チキン、悪魔狂《クアン》暴《バオ》チキンの３種類。狂暴が一番辛いらしい。どれほどの辛さなのかと頼んでみる。

混雑店なので待つこと15分。大人の顔と同じくらいの大きさがありそうな、カリッカリのチキンを手渡される。確かに、赤い唐辛子パウダーがこれでもかとかけられており、鼻を近づけただけでむせそうだ。思い切ってかぶりつくと、まず辛さより熱さが来る。アチッ！　外はカリカリ、中はとってもジューシーで、肉汁でやけどをしそうになる。それから辛さがやってくる。辛い！　辛い！　私はひと口でギブアップだった。辛党ならぜひチャレンジしてほしい。

高雄のオリジナル夜市料理に、鶏の手羽先のチャーハン詰め（翅包飯《ツーバオファン》）というのがある。これもなかなか楽しいメニューだ。店番の若い女の子がふたり。彼女たちの前のグリルにはパンパンに太った手羽先がこんがりと焼かれている。手羽先の中に何かが詰まっていて、2倍くらいに膨れ上がっているのだ。手羽先の中ってこんなに空間があったのか？ 中身はなんと味付けされたご飯、チャーハンだった。イカ飯ならぬ、手羽先飯である。見た目はどれも似ているが、中のチャーハンの味付けがさまざまで、一番人気は三杯《サンベイ》（ゴマ油、酒、醤油の合わせダレ）だそうだ。他にもキムチチャーハン、漬物チャーハン、ニンニクチャーハン、カレーチャーハンなど、どれも心を奪われる味付けばかり。

一番人気の三杯をひとつだけ購入し、歩きながらかぶりつく。こんがりと焼かれた手羽先はとってもジューシーで旨い！ そして、中からチャーハンが顔を出す。わかっているのに「おっ」とびっくりしてしまう。これは面白い。創意工夫ポイントで〝入賞〟だ。

この夜市には、もうひとつ名物の滷味《ルーウェイ》がある。網戸みたいな窓をかたどった屋台「櫥窗滷味《チューチュアンルーウェイ》」だ。網戸の中に豚肉の各部位や野菜の具材が並べてあり、客が指さしたものを、きれいなお姉さんが取り分けてくれる。滷味は通常、温めて食べるものだが、この店は冷たいままの滷味をポリ袋に入れてくれた。取り分けた袋を優しく手渡し、「そちらへどうぞ」とお会計の場所へいざなってくれる。その話し方と笑顔がとっても礼儀正しく、「そちらへ」とさす指のしぐさまで優雅で、まるで飛行機のCAみたいだ。滷味は温めなくても美味しかった。高雄独得の樓梯《ロウテイー》（階段）という名前の豆腐製品も、噛みごたえがあってなかなか。やっぱりビールが飲みたくなる。コンビニに走りたい。

美麗島駅前の肉燥飯と、「甘＋苦」絶妙スープ　昼・夜型　ロータリー前

高雄には、私がお気に入りの定宿がある。MRTの橘線と紅線が交差する美麗島《メイリーダオ》駅の1番出口を上がって徒歩0分のところにある「高雄中央商務大飯店《ガオションジョンヤンシャンウーダーファンデエン》」だ。最強の立地条件ながら、平日1泊2000円台と非常にリーズナブル。美麗島駅は、高雄の下町鹽埕《イエンチエン》にも、左營グルメエリアのある巨蛋駅にも、新幹線の左營駅にも一本でアクセスできて便利だし、なんといっても六合夜市の目の前にあるので、高雄ビギナーにも向いている。

だが、六合夜市よりもロータリー前という点に着目したい。台北や台南でも、ロータリーには名店がある、という密かな食べ歩きルールがある。かつて日本時代の台湾は、放射線状に道路が延びるロータリーが都市計画の起点だったため、そこを中心に商圏が発達していった。特に地方都市では、ロータリーが今でも交通の要衝であるため、外食文化の拠点となっていることが多いのだ。

この美麗島ロータリーにも、その例にもれず人気店がある。その名も「大圓環《ダーユエンファン》」(大ロータリー)。地下鉄の出口階段を上ると目の前に現れる店で、歩道にテーブルや椅子が置いてあるオープンタイプ。常に混雑しているが、相撲取りのように大柄なお兄さんが、優しい笑顔で注文を聞いてくれる。テーブルに大きな写真入りメニューが貼ってあるので、ほしいものを指さしてオーダーすることもできる。

看板メニューの肉燥飯と排骨湯(スープ)を頼んだ。このふたつは台湾の最強バッテリーで、切っても切れない組み合わせ。この店の肉燥飯は、肉の他にニンニクや赤ネギなど色々な香味が入っていて、複雑な旨味を醸し出している。ご飯も硬めでいい感じ。排骨湯は「排骨+大根」、「排骨+苦瓜」など色々な組み合わせがある。私はさっぱりとした苦瓜を注文した。排骨の甘味と苦瓜の苦味がいい具合に混ざり合っている。苦瓜とはゴーヤ。だけど、日本の緑色のゴーヤとはちょっと違う。肉厚で白いゴーヤだ。緑のゴーヤに比べると柔らかく、苦味が控えめで食べやすい。排骨も柔らかく煮込んであって、言うことなし。

美麗島駅前の悦楽火鍋　昼・夜型　ロータリー前・酒あり

同じく美麗島ロータリーにはもうひとつ、鍋の人気店がある。夜中の12時を回ろうというのに、店内は若者で賑わっている。酒が入っているからか、みんな声が大きく、かなり騒がしい。なかなか豪華な内装の火鍋専門店「汕頭泉成《サントウチュエンチエン》」だ。店構えからして、新しくオープンした店なのかな？　と思いきや、実はもう三代目。

この店の売りは、「沙茶醬《サチャジャン》」という台湾独得のゴマに似たタレを使った火鍋。最近、台北の火鍋はどこも食べ放題方式に変わってしまい、一人前３００〜５００元で好きなだけ食べられる。でも、私は食べ放題の店があまり好きではない。本当に気に入った品を必要な分量だけ頼んで、じっくり味わうほうがありがたいと思うからだ。その点、汕頭泉成は由緒正しい火鍋屋と言える。

まず基本となる鍋の味を選ぶ。ありがたいことに、「鴛鴦鍋《イエンヤングオ》」がある。ひとつの鍋

美麗島駅前ロータリーに面した「汕頭泉成」の火鍋

に陰陽のS字仕切りがあって、2種類の味を選んで楽しめる。今回は辛い麻辣《マーラー》鍋と沙茶鍋をチョイス。ふたつの味を選べるこの鴛鴦鍋、本当にすばらしいと思う。ちなみに我が家は4人家族だが、いつも鍋の辛さで好みが分かれる。それに、私はときには豆乳鍋とかトマト鍋もやってみたいのに、なかなか家族の承諾が得られない。鴛鴦鍋さえあれば、我が家の鍋事情は格段に進歩するはず。

　多くの火鍋がそうであるように、この店の麻辣鍋も沙茶鍋も、味がなじむまで食するのを待つべきだ。鍋屋さんにはたいてい酒が置いてあるので、ビールを飲みながらじっと待つ。キャベツやシメジがクタクタになったところで、そろそろ麻辣鍋をいただく。

真っ赤なスープはさすがに辛い！　でも、山椒が効いており、ビリビリと舌がしびれる感じが爽快で、濃厚な旨味が舌の奥まで伝わる。久しぶりに、素直に楽しめる美味しい鍋だ。辛いことは辛いが、洗練された、計算しつくされた辛さ。レベルが高い。

麻辣鍋に比べると、沙茶鍋はマイルドでクセがない。キノコやキャベツなどの野菜が優しい味になっている。お薦めのつけダレは、「卵の黄身＋沙茶醤＋ゴマ油」に、刻みネギと刻みニンニクの組み合わせ。これを小さなタレの碗で混ぜながら、肉や野菜と絡ませて食べる。濃厚な沙茶の風味が、卵の黄身で緩和されてマイルドな味に。

２種類の鍋はどちらもハイレベルだが、私は麻辣鍋がえらく気に入ってしまった。赤組の勝利である。それほど辛さに強いほうではないが、この店の味は辛くてもどんどん食べてしまうほど、魅惑の旨味が凝縮されている。煮れば煮るほど香りも旨味も増し、引きずり込まれる。

コラム⑩

高雄、もうひとつの下町グルメ街

台北では龍山寺周辺の庶民派グルメが充実しているように、高雄にも旨い店が集中する下町がある。南西部の鹽埕《イエンチエン》だ。

ここはかつて高雄の銀座とも呼ばれた繁華街。1950年代、アメリカの第7艦隊が鹽埕の港を利用していたこともあり、欧米と日本、台湾文化が入り混じった、複雑な歴史的背景を持つ。

鹽埕の新興街《シンシンジエ》と新樂街《シンラージエ》の交差点に、私が「名店ビル」と呼ぶ場所がある。「鴨」「豚」「羊(ラム)」の3つの専門店が集まった、古くて味のある建物。この3店が、いずれも大人気なのだ。

鴨は「鴨肉珍《ヤーロウジエン》」。メニューはないが、常に行列ができている。鴨肉が載った鴨肉飯、鴨肉スライス、鴨の血でもち米を固めた鴨血糕《ヤーシエガオ》、そして鴨モツのスープだ。

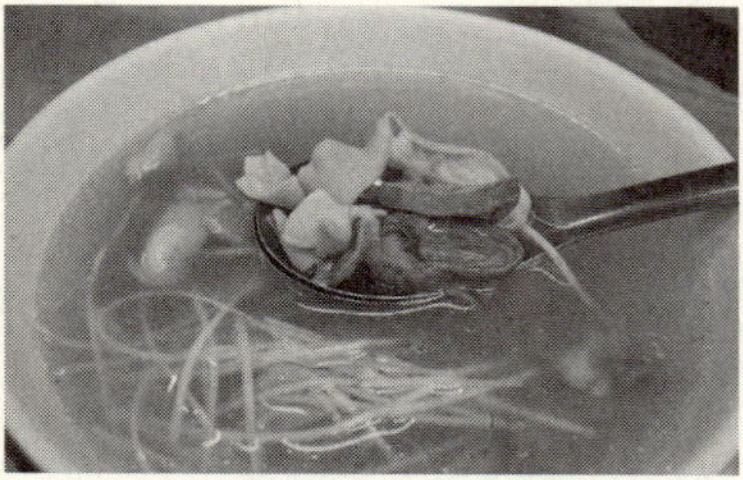

「鴨肉珍」の鴨肉飯

豚は、店名がないが「大胖子《ダーパンズ》」(デブの店)と呼ばれる、豚モツとワンタンの店。おすすめは豬油拌麵《ズーヨウバンミエン》(ラード麵)。つやつやした縮れ麵は、食べる前から旨いとわかる見た目。白黒切もひと通り揃っているし、台湾マヨネーズと組み合わせた、湯がいたタラコもなかなかである。

羊は「王牌羊肉海産店《ワンパイヤンロウハイチャンデエン》」。ラム肉の旨味が溶け出したスープだけでなく、海鮮の炒め物やフライもかなりハイレベル。

この3店はいずれも遅くまで営業していて、酒も飲める。鹽埕に行ったら絶対に外せない、街角パラダイスだ。

鹽埕の夜をたっぷり楽しんだら、翌朝も早起きして散歩に繰り出そう。鹽埕は朝こそ楽しい。

通称「大胖子」のラード麺

ビルとビルの間の細い路地には、虱目魚《サバヒー》の人気店「大溝頂虱目魚米粉湯《ダーゴウディンスームーユーミーフエンタン》」がある。中高年のひとり客が背中を丸めて朝ご飯を食べている姿は、なんとも風情がある。
台南ではサバヒーが丸ごと入った粥が人気だが、高雄ではすり身にして食べることが多い。サバヒーの風味をそのまま閉じ込めた嚙みごたえのあるすり身は、やさしい米粉スープと実によく合う。
同じ路地にある「三郎麺包廠《サンランミエンバオチャン》」には、甘くて美味しいバターロールパンがある。ふっくら柔らかなパンに、とろりと溶ける甘くてしょっぱいバター。どこか懐かしい味。牛乳とともにいくつでも食べられそうな至福の朝ご飯だ。

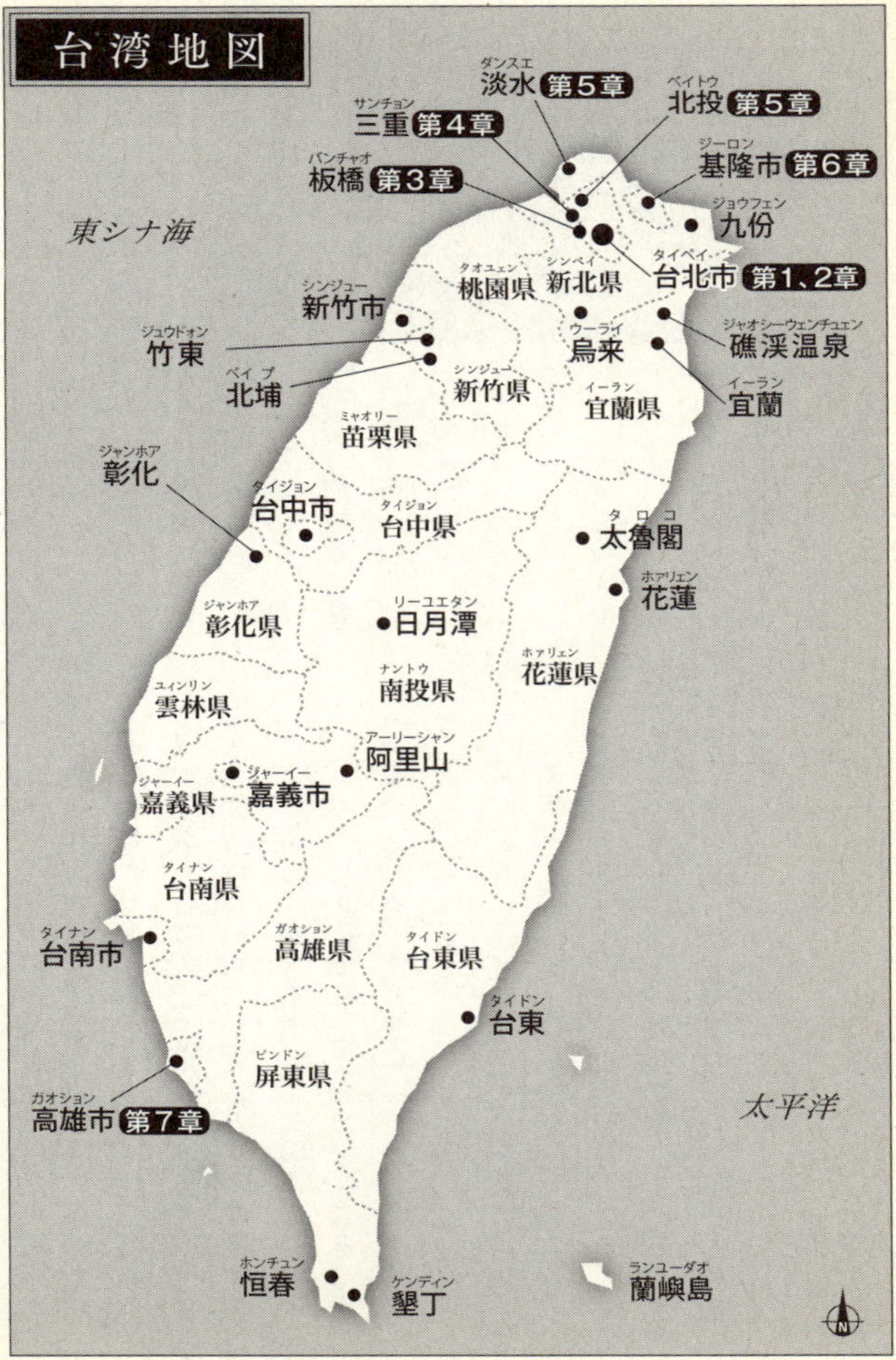
台湾地図
淡水《ダンスエ》 第5章
北投《ベイトウ》 第5章
三重《サンチョン》 第4章
基隆市《ジーロン》 第6章
板橋《バンチャオ》 第3章
九份《ジョウフェン》
東シナ海
台北市《タイペイ》 第1、2章
桃園県《タオユェン》
新北県《シンペイ》
新竹市《シンジュー》
竹東《ジュウドォン》
烏来《ウーライ》
礁渓温泉《ジャオシーウェンチュエン》
北埔《ベイブ》
新竹県《シンジュー》
宜蘭県《イーラン》
宜蘭《イーラン》
苗栗県《ミャオリー》
彰化《ジャンホア》
台中市《タイジョン》
台中県《タイジョン》
太魯閣《タロコ》
花蓮《ホアリエン》
日月潭《リーユエタン》
彰化県《ジャンホア》
花蓮県《ホアリエン》
南投県《ナントウ》
雲林県《ユィンリン》
阿里山《アーリーシャン》
嘉義県《ジャーイー》
嘉義市《ジャーイー》
台南県《タイナン》
台南市《タイナン》
高雄県《ガオション》
台東県《タイドン》
台東《タイドン》
屏東県《ピンドン》
太平洋
高雄市《ガオション》 第7章
恒春《ホンチュン》
墾丁《ケンディン》
蘭嶼島《ランユーダオ》
N

王牌羊肉海産店《ワンパイヤンロウハイチャンデエン》

高雄市新興街75號　07-5322221　17:00～25:00　不定休

大溝頂虱目魚米粉湯《ダーゴウデインスームーユーミーフエンタン》

高雄市新樂街198-38號　5:30～13:30　不定休

三郎麵包廠《サンランミエンバオチヤン》

高雄市新樂街198-8號　07-5515841　9:00～18:30　無休

【口絵】

礁溪八寶冬粉《ジヤオシーバーバオドンフエン》

礁溪郷中山路二段131號　03-9884665　6:00～21:00　隔週火曜

福泰飯桌《フータイフアンズオ》

台南市民族路二段240號　06-2286833　8:30～14:00　月曜

●地図アプリでの探し方

スマートフォンなどで、地図アプリや地図サイトに店名を入力する場合、繁体字中国語でなくても検索可能な場合があります。

【例】雙連／双連　いずれも検索可能

店名を入力できない場合でも、住所から検索できます。住所を台北市または新北市から「〇〇街／路、〇段」までは漢字で入力。巷や號の前の数字は半角数字で入力します。

【例１】「雙連市場」を名前から検索

→検索欄に「双連市場」と入力して検索。

【例２】「小洪麵線　台北市民生西路45巷３弄17號」を住所から検索

→検索欄に「台北市民生西路45-3-17」と入力して検索。

ただし、地図アプリで表示される場所は目安です。通信状態などによって正確な場所が表示されない場合もあります。

【コラム⑥】

莱恩《ライアン》精品《ジンピン》旅館《リューグアン》（LION HOTEL）

新北市板橋區大東街5號　02-29680166　1泊の値段は2名で2000元前後　http://lionhotel.com.tw

林本源《リンベンユエン》園邸《ユエンディ》（林家花園《リンジャーホアユエン》）

新北市板橋區西門街9號　02-29653061　9:00-17:00　第1月曜

【コラム⑦】

鴨肉榮《ヤーロウロン》

桃園市中山路81號　03-3385928　24時間営業　無休

【コラム⑧】

荷豐溫泉會館《ハーフォンウエンチエンホエグアン》（9PLUS）

台北市北投區溫泉路銀光巷1號　02-28979955　1泊の値段は2名で3360元～（4～9月）、3920元～（10～3月）　http://lotusspa.com.tw/

【コラム⑨】

櫻沐居《インムージユー》

新北市瑞芳區輕便路95號2F　02-24965130　1泊の値段は2名で3000元前後　http://www.yingmuhome.com

梅《メイ》

新北市瑞芳區民生街8號　02-24061788　6:00～17:30　木曜

【コラム⑩】

鴨肉珍《ヤーロウジエン》

高雄市新樂街231-3號　07-5314630　9:00～24:00　不定休

無名の豚モツの店（通称・大胖子《ダーパンズ》）

高雄市新樂街229號　0958-128881　17:00～25:30　不定休

一《イー》肥《フエイ》仔《ズ》麵《ミエン》店《デエン》

台北市貴陽街二段 230-1 號　02-23880579　9:00 ～ 19:30　日曜

祖《ズー》師《スー》廟《ミヤオ》口《コー》自《ズー》助《ジュー》餐《ツアン》

台北市康定路 81 號祖師廟内　9:00 ～ 15:00 頃　土曜、日曜、祝日

沙《サー》茶《チヤー》牛《ニヨウ》肉《ロウ》大《ダー》王《ワン》

台北市貴陽街二段 115 號之 17　02-23891608　11:30 ～ 21:00　不定休

阿《アー》秀《シヨウ》傳《チユアン》統《トン》切《チエ》仔《ズ》麵《ミエン》

台北市廣州街 90 號　02-23061245　10:30 ～ 21:30　不定休

【コラム③】

真《ジエン》好《ハオ》味《ウエイ》客《クー》家《ジヤー》菜《ツアイ》

台北市迪化街一段 21 號（永樂市場内 4F）　11:00 ～ 14:00　日曜

民《ミン》樂《ラー》旗《チー》魚《ユー》米《ミー》粉《フエン》湯《タン》

台北市民樂街 3 號　0933-870901　6:00 ～ 12:30　無休

老《ラオ》阿《アー》伯《ボー》魷《ヨウ》魚《ユー》焿《ゲン》

台北市延平北路二段 210 巷内　0955-341050　7:00 ～ 14:30　日曜

【コラム④】

慈聖宮前の飲食店街

台北市保安街 49 巷 17 號　9:00 頃～ 15:00 頃（店による）

阿《アー》華《ホア》鯊《サー》魚《ユー》烟《イエン》

台北市涼州街 34 號　02-25534598　11:30 ～ 19:00　月曜

【コラム⑤】

珍《ジエン》珠《ジュー》坊《フアン》

台北市仁愛路三段 160 號（福華大飯店）2F　02-23267426　11:30 ～ 14:30 ／ 17:30 ～ 21:30（土曜・日曜・祝日は 11:00 ～ 17:00）　無休

舊《ジョウ》城《チエン》傳《チユアン》統《トン》美《メイ》食《シー》
高雄市店仔頂路 3 號　07-5884521　10:00 ~ 22:00　木曜

林《リン》記《ジー》豆《ドウ》漿《ジヤン》店《デエン》
高雄市華榮路 374 號　18:00 ~ 26:00　日曜

第《ディ》一《イー》家《ジヤー》鹽《イエン》酥《スー》雞《ジー》
高雄市華榮路 338 號　12:00 ~ 24:00　無休

劉《リヨウ》家《ジヤー》酸《スアン》白《バイ》菜《ツアイ》火《ホオ》鍋《グオ》
高雄市介壽路 9 號（中正堂本館）　07-5823050　11:00 ~ 22:30（半額タイムは 14:30 ~ 16:30 ／ 21:00 ~ 22:30）　無休

瑞《レイ》豐《フオン》夜《イエ》市《スー》（惡《アー》魔《モー》雞《ジー》排《パイ》、翅《ツー》包《バオ》飯《フアン》、櫥《チユー》窗《チユアン》滷《ルー》味《ウエイ》）
高雄市裕誠路 1128 號　18:00 ~ 26:00 月曜・水曜

大《ダー》圓《ユエン》環《ホアン》
高雄市中山横路 1-1 號　07-2859805　10:00 ~ 19:00　不定休

汕《サン》頭《トウ》泉《チユエン》成《チエン》
高雄市中山横路 7 號　07-2885599　11:00 ~ 24:00　無休

【コラム①】

三《サン》元《ユエン》號《ハオ》
台北市重慶北路二段 9 號、11 號　02-25589685　9:00 ~ 22:00　不定休

安《アン》安《アン》廚《チユー》房《フアン》
台北市民生西路 166 號　02-25509807　11:00 ~ 14:00 ／ 17:00 ~ 24:00　無休

【コラム②】

牛《ニヨウ》腩《ナン》湯《タン》
台北市梧州街 46 號　6:00 ~ 10:00（完売まで）　不定休

老《ラオ》艋《バン》舺《カ》鹹《シエン》粥《ジヨウ》店《デエン》
台北市西昌街 117 號　02-23612257　6:00 ~ 14:00　第 2・第 4 水曜、木曜

無名の米《ミー》苔《タイ》目《ムー》の店

基隆市安一路 2 號前（安樂市場福德廟前） 7:00 ～ 13:00

天《テエン》天《テエン》來《ライ》鹹《シエン》粥《ジヨウ》

基隆市忠三路 101 號 5:30 ～ 13:00 不定休

豬《ズー》肝《ガン》腸《チヤン》

基隆市孝三路 65 巷口 02-24283630 11:00 ～ 20:30 不定休

基《ジー》隆《ロン》孝《シヤオ》三《サン》路《ルー》大《ダー》腸《チヤン》圈《チユエン》

基隆市孝三路 99 巷 3 號 0932-258621 10:00 ～ 19:00 月曜

遠《ユエン》東《ドン》紅《ホン》焼《サオ》鰻《マン》魚《ユー》羹《ゲン》

基隆市忠三路 44 號 02-24238128 8:30 ～ 20:30 不定休

基《ジー》隆《ロン》碧《ビー》沙《サー》魚《ユー》港《ガン》

基隆市北寧路 211 號 02-2469-3606 8:00 ～ 22:00

海《ハイ》味《ウエイ》鮮《シエン》餐《ツアン》廳《テイン》

基隆市北寧路 211 號（基隆碧沙魚港内） 02-24690163 10:00 ～ 21:30 無休

【第 7 章 高雄】

海《ハイ》青《チン》王《ワン》家《ジヤー》焼《サオ》餅《ビン》店《デエン》

高雄市左營大路 2-43 號 07-5813491 5:30 ～ 11:30 無休

左《ズオ》營《イン》第《デイ》二《アー》公《ゴン》有《ヨウ》市《スー》場《チヤン》

高雄市左營大路 86 ～ 88 號 7:00 ～ 18:00 頃（店による） 無休（店により定休日あり）

老《ラオ》施《シー》炭《タン》焼《サオ》肉《ロウ》燥《ザオ》飯《フアン》

高雄市左營大路 88 號（第二公有市場内） 07-5852253 7:30 ～ 15:30 不定休（月に 2 度、月曜または木曜）

無名の麵の店（通称・左營無名麵店）

高雄市部後街 42 巷内 11:00 ～ 14:00 日曜

老《ラオ》牌《パイ》牛《ニヨウ》乳《ルー》大《ダー》王《ワン》

高雄市左營大路 332 號 07-5882329 11:00 ～ 25:00 無休

姊《ジエ》妹《メイ》雙《スアン》胞《バオ》胎《タイ》
新北市八里區渡船頭街25號　02-26193532　9:00～20:00　火曜

呉《ウー》家《ジヤー》牛《ニヨウ》肉《ロウ》麵《ミエン》
台北市北投區中央北路222號　02-28923686　14:00～24:00　無休

志《ズー》明《ミン》牛《ニヨウ》肉《ロウ》拉《ラー》麵《ミエン》
台北市北投區中央北路228巷3號　02-28929758　11:00～24:00　不定休

李《リー》家《ジヤー》小《シヤオ》館《グアン》
台北市北投區中正街92號　02-28917977　11:00～14:00／17:00～21:00　木曜

陳《チエン》家《ジヤー》剉《ツア》冰《ビン》
台北市北投區新市街22號-1　02-28972858　15:30～25:00　月曜

無名の小籠包の店
台北市北投區公館路1號　14:00～25:00　不定休

北《ベイ》投《トウ》公《ゴン》有《ヨウ》市《スー》場《チヤン》
台北市北投區新市街30號　6:00～20:00頃（店による）　月曜

黄《ホアン》家《ジヤー》酸《スアン》菜《ツアイ》滷《ルー》肉《ロウ》飯《フアン》
台北市北投區北投市場2F 500號攤　6:00～14:00　月曜

上《サン》全《チユエン》肉《ロウ》羹《ゲン》
台北市北投區新生巷6號　02-28979026　6:00～14:30　無休

【第6章　基隆】

巷《シヤン》頭《トウ》粿《グオ》仔《ザイ》湯《タン》
基隆市安一路100巷31號　02-24235740　9:00～14:30／17:00～22:30　不定休

安《アン》樂《ラー》市《スー》場《チヤン》
樂一路と基金公路の交差点　7:00～18:00頃（店による）　無休

無名の素食麵線の店
基隆市安一路22號前（安樂市場内）　7:00～14:00頃

老《ラオ》曹《ツアオ》餛《ホウン》飩《トウン》
新北市板橋區宮口街 37 號　02-29680116　6:00 ~ 14:00　木曜

北《ベイ》港《ガン》黒《ヘイ》豆《ドウ》漿《ジヤン》
新北市板橋區後菜園街 52 號　02-29666990　5:00 ~ 12:00（土曜・日曜は~ 13:00）　隔週月曜

【第 4 章　三重】

五《ウー》燈《デン》獎《ジヤン》
新北市三重區正義北路 38 號　02-29842727　9:00 ~ 22:00　無休

朱《ジュー》記《ジー》花《ホア》枝《ズー》焿《ゲン》炒《ツアオ》米《ミー》粉《フエン》
新北市三重區正義北路 51 號　02-29858256　8:00 ~ 24:00　無休

三《サン》重《チヨン》牛《ニヨウ》乳《ルー》大《ダー》王《ワン》
新北市三重區重新路二段 73 號　02-29895718　9:30 ~ 23:30　無休

阿《アー》文《ウエン》餛《ホウン》飩《トウン》湯《タン》圓《ユエン》
新北市三重區長元街 68 號　02-29729352　17:30 ~ 24:00　隔週火曜

萬《ワン》粒《リー》肉《バー》圓《ワン》
新北市三重區長壽街 23 號　16:00 ~ 21:00　無休

今《ジン》大《ダー》魯《ルー》肉《ロウ》飯《フアン》
新北市三重區大仁街 40 號　02-29836726　6:00 ~ 21:00　不定休

今《ジン》大《ダー》関《グアン》係《シー》餐《ツアン》飲《イン》麵《ミエン》
新北市三重區大仁街 23 號　6:00 ~ 22:00　不定休

【第 5 章　淡水・北投】

老《ラオ》牌《バイ》阿《アー》給《ゲイ》
新北市淡水區真理街 6-1 號　02-26211785　5:00 ~ 14:00　不定休

蘆《リユー》媽《マ》媽《マ》
新北市淡水區中正路 135-5 號　02-26217885　9:00 ~ 21:00　無休

余《シユー》家《ジヤー》孔《コン》雀《チユエ》蛤《ハー》大《ダー》王《ワン》
新北市八里區渡船頭街 22 號　02-26103103　11:00 ~ 20:30　無休

點《デエン》來《ライ》鮮《シエン》美《メイ》食《シー》坊《フアン》

台北市羅斯福路四段24巷10號　02-23689277　12:30～22:30　月曜

【第3章　板橋】

黄《ホアン》石《スー》市《スー》場《チヤン》

新北市板橋區宮口街　7:00～21:00頃（店による）

生《シエン》炒《ツアオ》魷《ヨウ》魚《ユー》

新北市板橋區宮口街28號　02-29603503　8:00～17:30　月曜

上《シヤン》海《ハイ》

新北市板橋區後菜園街10號-2　0912-212994　11:00～19:00　日曜

北《ベイ》門《メン》田《テエン》不《ブ》辣《ラー》

新北市板橋區北門街8號　02-22722070　11:30～21:00　無休

酪《ルオ》梨《リー》牛《ニヨウ》奶《ナイ》

新北市板橋區府中路42號　7:00～21:00　無休

葉《イエ》記《ジー》肉《バー》圓《ワン》

新北市板橋區府中路44號　02-29692631　7:00～21:30　無休

懷《ホアイ》念《ネエン》泡《パオ》菜《ツアイ》食《シー》品《ピン》行《ハン》臭《ツオウ》豆《ドウ》腐《フ》

新北市板橋區文昌街1號　02-89647573　15:00～23:30

蚵《オ》仔《ア》之《ズ》家《ジヤー》

新北市板橋區南雅東路79號　02-29601089　16:30～26:00　不定休

西《シー》瓜《グア》原《ユエン》汁《ズー》

新北市板橋區南雅東路27號付近　18:00～24:00頃　無休

好《ハオ》味《ウエイ》道《ダオ》臭《ツオウ》豆《ドウ》腐《フ》

新北市板橋區南雅西路一段174巷口　0916-336477　17:00～売り切れまで　無休

王《ワン》家《ジヤー》麻《マー》油《ヨウ》雞《ジー》

新北市板橋區南雅東路8號　02-29666823　18:00～25:30頃　無休

帝《デイー》王《ワン》林《リン》家《ジヤー》薑《ジヤン》母《ムー》鴨《ヤー》

新北市板橋區西門街55巷1號　02-29600096　16:00～26:00　無休

三《サン》來《ライ》素《スー》食《シー》館《グアン》

台北市武昌街一段 23 號　02-23815218　9:00 ～ 20:00　無休

【第２章　台北の公館】

水《スエ》源《ユエン》市《スー》場《チヤン》

台北市羅斯福路四段 92 號　7:00 ～ 20:00（店による）　隔週月曜

水《スエ》源《ユエン》市《スー》場《チヤン》63 號《ハオ》攤《タン》自《ズー》助《ジュー》餐《ツアン》（通称）

台北市羅斯福路四段 92 號（水源市場 63 攤）　11:00 ～ 20:00　隔週月曜

陳《チエン》師《スー》傅《フー》全《チユエン》麥《マイ》手《シヨウ》工《ゴン》水《スエ》餃《ジヤオ》

台北市羅斯福路四段 92 號（水源市場 59 攤）　02-23646534　10:30 ～ 20:30　隔週月曜

三《サン》時《スー》午《ウー》咖《ガー》喱《リー》屋《ウー》

台北市羅斯福路四段 92 號（水源市場 98 攤）　0955-698760　11:00 ～ 14:00 ／ 16:30 ～完売まで　隔週月曜・土曜夜

龍《ロン》潭《タン》豆《ドウ》花《ホア》

台北市汀州路三段 237 號　12:00 ～ 22:00　月曜

重《ツオン》順《スン》川《ツアン》菜《ツアイ》餐《ツアン》廳《テイン》

台北市羅斯福路三段 316 巷 8 弄 3-2 號　02-23684549　11:00 ～ 14:00 ／ 17:00 ～ 21:00（土曜・日曜は 11:00 ～ 14:30 ／ 17:00 ～ 21:00）　無休

金《ジン》雞《ジー》園《ユエン》

台北市羅斯福路三段 316 巷 8 弄 3-1 號　02-23680698　9:00 ～ 22:00　無休

陳《チエン》三《サン》鼎《デイン》

台北市羅斯福路三段 316 巷 8 弄口　02-23677781　11:00 ～ 22:00　月曜

藍《ラン》家《ジヤー》割《グア》包《バオ》

台北市羅斯福路三段 316 巷 8 弄 3 號　02-23682060　11:00 ～ 24:00　月曜

泰《タイ》國《グオ》小《シヤオ》館《グアン》

台北市汀州路三段 219 號　02-23670739　11:00 ～ 22:00　不定休

本書で取り上げたおもな店舗・市場リスト

※名称、住所、電話番号、営業時間、定休日の順に記しています。電話はない店もあります。
※無休・不定期の店でも、旧正月は休む場合があります。また、営業時間は目安です。台湾では厳密ではありません。
※データは2015年11月までの取材によるものです。

【第1章　台北の朝市】

雙連《スアンリエン》市場《スーチヤン》
MRT淡水線雙連駅～民權西路駅（いずれも台北市）　7:00～14:00頃　無休

世紀《スージー》豆漿《ドウジヤン》大王《ダーワン》
台北市萬全街16號　02-25577966　4:00～11:00／16:00～21:00　無休

雙連《スアンリエン》古店《グーデエン》
台北市錦西街38巷2號　02-25530231　8:00～24:00　無休

雙連《スアンリエン》豆漿《ドウジヤン》
台北市錦西街40號　6:00～12:00　木曜・日曜

小洪《シヤオホン》麵線《ミエンシエン》
台北市民生西路45巷3弄17號　02-25215427　6:00～13:30　日曜

香満園《シヤンマンユエン》
台北市萬全街8巷口　02-25572229　6:00～14:00　土曜・日曜

站前《ザンチエン》小吃店《シヤオツーデエン》
台北市民生西路53號　02-25500055　6:30～20:00（土曜～16:00）　日曜

城中《チエンジヨン》市場《スーチヤン》
台北市武昌街一段21巷　7:00～18:00頃（店による）　無休

城中《チエンジヨン》豆花《ドウホア》
台北市武昌街一段21巷（城中市場内）　0936-138583　8:00～18:00　雨の日曜

知恵の森
KOBUNSHA

美味《おい》しい台湾《たいわん》 食《た》べ歩《ある》きの達人《たつじん》
台北《たいぺい》&郊外《こうがい》のグルメタウンから、高雄《たかお》まで

著 者 — 光瀬憲子（みつせ のりこ）

2016年 1月20日 初版1刷発行

発行者 — 駒井 稔
組 版 — 萩原印刷
印刷所 — 萩原印刷
製本所 — ナショナル製本
発行所 — 株式会社 光文社
東京都文京区音羽1-16-6 〒112-8011
電 話 — 編集部(03)5395-8282
書籍販売部(03)5395-8116
業務部(03)5395-8125
メール — chie@kobunsha.com

ISBN978-4-334-78689-2 Printed in Japan

78505-5
tい4-1
池波正太郎《いけなみしょうたろう》 編
酒と肴と旅の空
「単なる食べ歩きなどに全く関係がない文化論」と編者・池波正太郎が表わす世界の美味と酒をテーマにした名エッセイ二十四編。開高健と阿川弘之の対論「わが美味礼讃」も収録。

720円

78572-7
tう1-1
上原《うえはら》 浩《ひろし》
純米酒を極める
これほど美味く、これほど健康的な飲み物はない―。我が国固有の文化である日本酒はどうあるべきか。『夏子の酒』のモデルとしても著名な「酒造界の生き字引」による名著。

680円

78331-0
cう2-1
浦《うら》 一也《かずや》
旅はゲストルーム
測って描いたホテルの部屋たち
アメリカ、イタリア、イギリスから果てはブータンまで。設計者の目でとらえた世界のホテル六十九室。実測した平面図が新しい旅の一面を教えてくれる。
860円

78598-7
tか7-1
柏井《かしわい》 壽《ひさし》
極みの京都
「京都人は店でおばんざいなど食べない」『祇園』や『町家』への過剰な幻想は捨てよう」。本当においしい店から寺社巡りまで、京都の旅を成功させるコツを生粋の京都人が伝授。

680円

78532-1
aこ2-2
高《こう》 信太郎《しんたろう》
まんが ハングル入門
笑っておぼえる韓国語
お隣の国の言葉を覚えよう！ 基本的な子音から、現地レベルの会話まで、「まんが」だからわかりやすく、笑って自然に覚えられる、日本で一番やさしいハングル入門書。
680円

78538-3
aこ2-3
高 信太郎
まんが 中国語入門
楽しく学んで13億人としゃべろう
中国語は漢字を使っているから、視覚から入れば覚えやすい。だから「まんが」で勉強しよう！ 初歩のあいさつから簡単な会話まで、笑って読むうちに自然に覚えられる！
680円

78625-0
tし3-2

所澤　秀樹

鉄道地図は謎だらけ

なぜか一駅間だけ途切れているJR四国の路線。駅名も乗り換えも面倒くさい近鉄線の不思議…。索引地図の謎をめぐって旅すれば、知らなかった鉄道の真実が見えてくる！

667円

78677-9
tし3-3

所澤　秀樹

青春18きっぷで愉しむ ぶらり鈍行の旅

1日でどこまで行ける？　モトがとれる距離は？　乗り継ぎテクニックや旅のプランニングのコツまで、18きっぷの使いこなし術を、鉄道旅の名人が伝授。『鉄道を愉しむ鈍行の旅』改題。

680円

78592-5
tす3-1

鈴木《すずき》　隆祐《りゅうすけ》

知られざる名店を探せ！

東京B級グルメ放浪記

文庫書下ろし

気軽にお腹を満たすなら、地元に根付く昔ながらの食堂がいい。小鉢自慢の定食屋、さくさくフライの洋食屋、野菜たっぷり中華など、一食千円、約350店の東京・食べ歩き録。

762円

78645-8
tた2-2

谷川《たにがわ》　一巳《ひとみ》

ローカル線ひとり旅

お得なパスの使いこなし術、バスやフェリーも活用する方法、通勤電車みたいなロングシート車両の避け方…。初心者でも、旅情溢れる汽車旅が楽しめる〝コツ〟を伝授する。

680円

78664-9
tふ4-2

古川　修

熟成と燗で飲《や》る本物の酒

世界一旨い日本酒

「純米無濾過生原酒」を常温熟成させて燗で飲む。今や多くの日本酒好きが実践する味わい方を、いち早く提唱した画期的な書。お勧めの銘柄40酒、居酒屋&蕎麦屋140軒も掲載。

660円

78566-6
tも1-1

もりきあや

おひとり奈良の旅

文庫書下ろし

奈良生まれ、奈良育ちの著者が県内各地を歩き徹底取材。食べる、泊まる、観る、買う、拝む、感動する——古都・奈良の魅力のすべてを網羅した、街歩きガイドブック。

667円